ETOILES 2

GILLIAN TAYLOR   DAVID EDWARDS

Les pays du monde

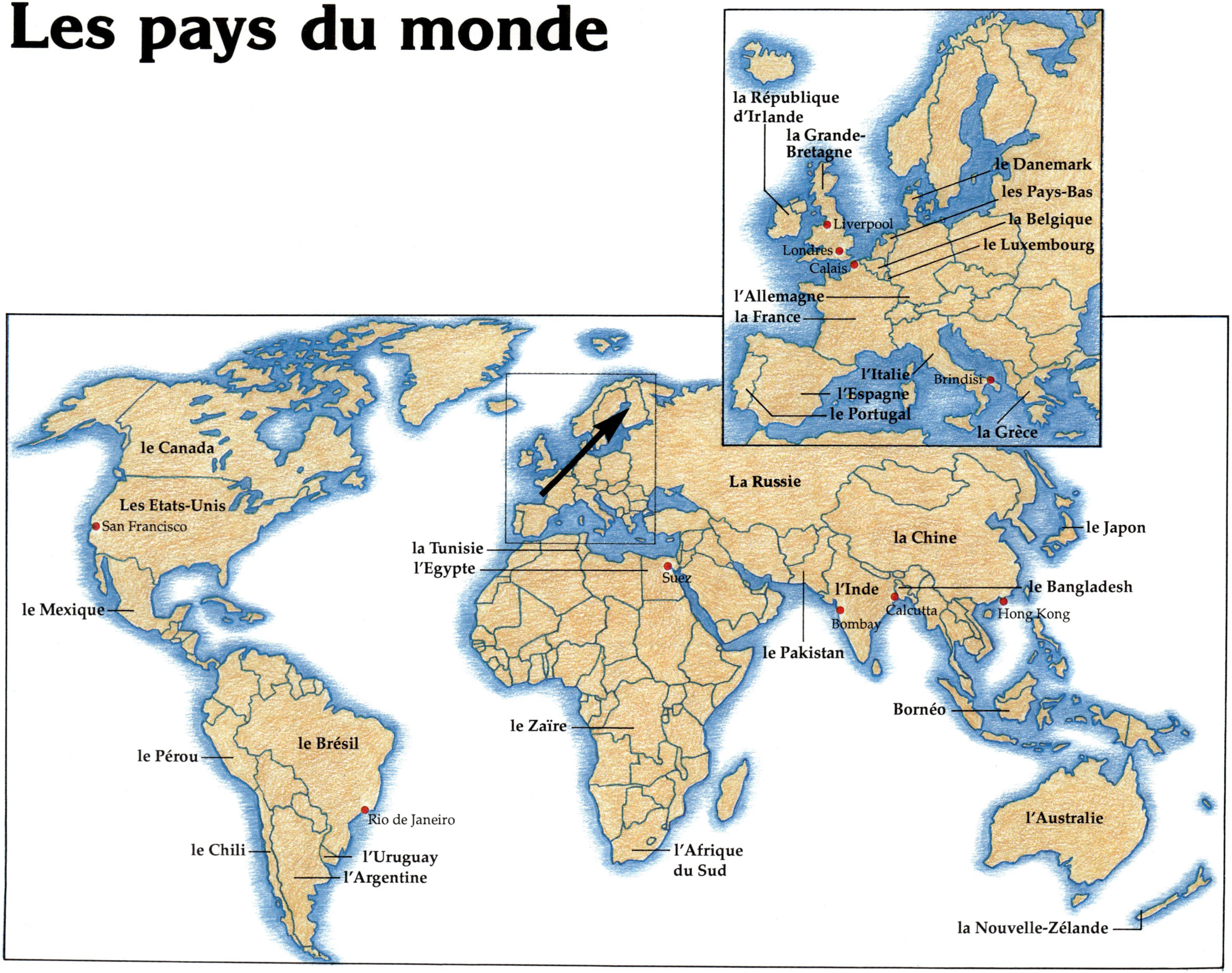

la République d'Irlande
la Grande-Bretagne
le Danemark
les Pays-Bas
la Belgique
le Luxembourg
la Grèce
Brindisi
l'Italie
l'Espagne
le Portugal
l'Allemagne
la France
Liverpool
Londres
Calais

le Canada
Les Etats-Unis
San Francisco
le Mexique
le Pérou
le Brésil
Rio de Janeiro
l'Uruguay
l'Argentine
le Chili

La Russie
le Japon
le Bangladesh
Hong Kong
la Chine
Calcutta
Bombay
l'Inde
le Pakistan
Bornéo
l'Australie
la Nouvelle-Zélande

Suez
la Tunisie
l'Egypte
le Zaïre
l'Afrique du Sud

2

Voici une nouvelle collection de numéros d'*Etoiles*, avec des articles pour tout le monde!

Vous aimez les voyages? Alors, les numéros 1 à 5, «Découvertes», sont pour vous! Les numéros 1 à 5 sont sur le thème de la découverte du monde.

Vous êtes bon observateur? Dans les numéros 6 à 10, «Observations», il y a des articles passionnants sur la mode et sur l'environnement.

La vie des jeunes vous intéresse? Alors, regardez les numéros 11 à 15, «Enquêtes», où on examine des questions sur les passe-temps et les relations parents-enfants-copains/copines.

NUMERO 1

Point de départ!

■ *Le tour du monde commence …*

Courrier

Vous, les lecteurs et lectrices d'*Etoiles* –

☐ **Qu'est-ce que vous aimez?**
☐ **Qu'est-ce que vous détestez?**
☐ **Vous avez une passion?**

Voici une sélection de vos lettres.

Moi, j'adore la musique et je n'aime pas le collège. Alors, quand j'ai les nerfs après une mauvaise journée à l'école, je fais du piano, et je suis sur un nuage rose! Ça me relaxe.

Rébecca

Moi, ma passion c'est les chevaux. Les chevaux sont gracieux, merveilleux, affectueux.

Marylène

Moi, j'adore la danse. Quand j'entends une musique rythmée, qui bouge bien, la danse est irrésistible!

Chakib

Je déteste l'argent. Les hommes sont prisonniers de l'argent. Il y a des riches et des pauvres dans le monde, et ce n'est pas juste. Je déteste l'injustice aussi.

Nicolas

LETTRE DE LA SEMAINE

Moi, j'adore les voyages. Mon père m'offre un voyage comme cadeau d'anniversaire. C'est super! Mais j'ai un problème: je ne sais pas quel est mon pays préféré!

Avez-vous une passion pour un pays particulier?

Paul

Attendez le Numéro 4 d'Etoiles 2 pour trouver des réponses à la question de Paul.

Moi, j'adore le basket-ball! C'est un sport complet, très spectaculaire mais aussi très technique.

Edouard

Moi, j'habite à Paris. J'aime la ville, mais je n'aime pas la pollution.

Alex

Je déteste le racisme. C'est idiot. On est hommes de couleurs différentes, c'est tout.

Stéphanie

Moi, je n'aime pas la science-fiction. Au collège on lit *Niourk*, qui est un livre de SF, une histoire de monstres, de robots et d'hommes préhistoriques. Je trouve ça bête.

Caroline

Moi, je déteste le tabac. Mon père fume la pipe, et ma mère fume des cigarettes. Quelle odeur à la maison!

Sylvie

Club Etoiles

Pour fêter la deuxième collection d'*Etoiles*, on annonce la création du CLUB ETOILES!

Découvre de nouveaux copains!

Remplis aujourd'hui la fiche d'inscription au CLUB ETOILES!

Réponds aux questions «Qui es-tu?» et «Qu'est-ce que tu aimes?»

Retourne la fiche, et voilà! Tu es membre du CLUB ETOILES avec la possibilité de trouver des copains et des copines avec les mêmes préférences que toi!

CLUB ETOILES

Qui es-tu?

Moi
Je m'appelle .... J'ai .... ans.
Mon adresse est ....
Mon anniversaire est le .... Au collège je suis en .... année.

Ma famille
J'ai un frère ☐ des frères ☐ une sœur ☐ des sœurs ☐ Je suis fils/fille unique. ☐

Mes animaux
J'ai un chien ☐ un chat ☐ un hamster ☐ un poisson ☐ un oiseau ☐
un cheval ☐ un cobaye ☐ un lapin ☐ une souris ☐ une gerboise ☐
un autre animal ....
Je n'ai pas d'animaux. ☐

Qu'est-ce que tu aimes?

Matières au collège
J'aime l'anglais ☐ les arts martiaux ☐ la géographie ☐ les sciences ☐
les maths ☐ l'histoire ☐ le dessin ☐ la musique ☐
EMT (éducation manuelle et technique) ☐ EPS (éducation physique et sportive) ☐

Médias
Mon programme de télévision préféré s'appelle ....
Mon groupe pop préféré s'appelle ....
Mon livre/magazine préféré s'appelle ....

Repas
J'aime la viande ☐ les fruits ☐ les légumes ☐ les sandwichs ☐
les bonbons ☐ la charcuterie ☐ le fastfood ☐
Mon repas préféré, c'est le petit déjeuner ☐ le déjeuner ☐ le goûter ☐ le dîner ☐

Sport
J'aime le foot ☐ le rugby ☐ le golf ☐ le basket ☐
le snooker ☐ le badminton ☐ le tennis ☐ le volley ☐
le ski ☐ le jogging ☐ le cyclisme ☐ le canoë ☐
le patinage ☐ la gymnastique ☐ la natation ☐ la pêche ☐
la voile ☐ la danse ☐ l'équitation ☐ l'athlétisme ☐
autre sport ....

Passetemps
J'aime la musique ☐ la lecture ☐ le dessin ☐ le scoutisme ☐
la photographie ☐ la nature ☐ le modélisme ☐ l'informatique ☐
les jeux ☐ les collections ☐ la cuisine ☐ la télé/radio ☐
autres intérêts ....

Vacances
J'aime les vacances ... à la campagne ☐ à la montagne ☐ au bord de la mer ☐
Je fais des promenades ☐ des pique-niques ☐ du camping ☐ des voyages ☐

Salut! Je m'appelle Jean. Je ne suis pas à New York – je suis à Paris!

Bonjour! Je m'appelle Sirine, et j'adore Paris! C'est super!

◀ Et toi, tu adores ta ville? Elle est super?

▶ Et toi, tu vas où en vacances, d'habitude?

Jean, tu vas où en vacances, d'habitude?

Je vais sur la plage – j'aime beaucoup la mer. L'an dernier, je suis allé à Bénidorm.

SUPERMOUTON ★ LE MOUTON DIFFÉRENT DES AUTRES!

R<small>adio</small> <small>ACTIVE</small>

Caroline Roland,
présentatrice à *RadioActive*.
Jean-Pierre Dubois,
présentateur à *RadioActive*.

Feuilleton

La plante magique

Nouveau feuilleton fantastique en cinq épisodes!

L'histoire commence avec la jeune Morgane, qui habite dans le village de Bonneville avec son frère Guillaume et son père Gauthier.

Morgane

Guillaume

Gauthier

Le duc de la Montagne Noire est dangereux et cruel. Il contrôle Bonneville, Beaulieu, le pays de l'Hiver et toute la région.

Fsdap, c'est un gnome. C'est le serviteur du duc de la Montagne Noire. Il est méchant.

Le magicien de Bonneville aide Morgane et Guillaume contre la magie terrible du duc de la Montagne Noire.

Episode 1: La magie du duc

1 *C'est lundi, jour de marché dans la petite ville de Beaulieu. Le lundi, Morgane va au marché. Mais aujourd'hui le duc de la Montagne Noire va au marché aussi, et il cherche une servante ...*

2 *Fsdap le gnome demande Morgane comme servante du duc de la Montagne Noire. Mais Gauthier refuse.*

3 *Un pétale de «rougette» est nécessaire pour Gauthier, qui ne mange pas à cause de la magie du duc. La rougette, c'est la plante magique. Mais la plante magique est sur la Montagne Noire. C'est un voyage long et dangereux pour Guillaume et Morgane ...*

Série
Les Ados

«Les aventures de la famille Latour» sont finies, mais voici André ('Dédé') Latour, 18 ans, dans une nouvelle série, *«Les Ados»*.

Les 'Ados', c'est les adolescents, les 'teenagers' de la Maison des Jeunes de la rue Rose à Paris.

Dédé Latour prend des cours de guitare au club.

La famille Latour habite 9, tour Rose, dans la rue Rose. Saïda Ibrahim, la copine de Marie-Isabelle, habite au numéro 10. Marie-Isabelle, Dédé et Saïda sont membres de la Maison des Jeunes, où Dédé prend des cours de guitare avec passion.

Chanson
Bonjour! Salut!

"Bonjour! Salut! A tout le monde la bienvenue!"

Ecoutez une petite Chanson sur Dédé, Marie-Isabelle, Saïda et Albert. Albert était le petit ami de Marie-Isabelle dans les «Aventures de la famille Latour»

Saïda Ibrahim, la copine de Marie-Isabelle Latour.

1er épisode: L'ambition de Dédé

1 *Une surprise pour Saïda: Dédé travaille au bar de la Maison des Jeunes! Il y a des nouveaux au club: Jojo Lafitte, le nouveau manager, et une jeune fille blonde.*

2 *La blonde, c'est Rosie Labonne. Elle admire Dédé – mais elle est la petite amie de Jojo Lafitte ...*

On va où, là?

Qu'est-ce qu'on dit? Complète les phrases avec les destinations.

Exemple André va au collège.

Où est allé le pilote?

Que sais-tu sur les aéroports internationaux?
Un pilote rentre à la maison aujourd'hui samedi. Où est-il allé la semaine dernière? Complète les phrases du pilote.

Exemple Le week-end dernier je suis allé à **New York**.
(L'aéroport à New York s'appelle «Kennedy».)

Lundi dernier, je suis allé à . . .
Mardi dernier, je suis allé à . . .
Mercredi dernier, je suis allé à . . .
Jeudi dernier, je suis allé à . . .
Et hier, je suis allé à . . .

LES VOYAGES DE DECOUVERTE

Que sais-tu sur

Voilà neuf explorateurs célèbres, et neuf voyages de découverte. Où sont allés les explorateurs?

Exemple
1 g: Amundsen est allé au Pôle Sud.

1 **Roald Amundsen**
(explorateur norvégien)

2 **Neil Armstrong**
(astronaute américain)

3 **Jacques Cartier**
(navigateur français)

4 **Christophe Colomb**
(navigateur italien)

5 **James Cook**
(navigateur anglais)

6 **Sir Edmund Hillary**
(alpiniste néo-zélandais)

7 **David Livingstone**
(missionnaire écossais)

8 **Robert Peary**
(explorateur américain)

9 **Abel Tasman**
(navigateur néerlandais)

a . . . est allé en Amérique en 1492.

b . . . est allé au Canada en 1534.

c . . . est allé en Tasmanie et en Nouvelle-Zélande en 1642.

d . . . est allé en Australie en 1770.

e . . . est allé aux chutes Victoria en Afrique en 1855.

f . . . est allé au Pôle Nord en 1909.

g . . . est allé au Pôle Sud en 1911.

h . . . est allé au sommet du Mont Everest en 1953.

i . . . est allé sur la Lune en 1969.

9 M. FOGG ARRIVE TOUS LES JOURS AU REFORM-CLUB À MIDI. IL PREND TOUS LES JOURS UN DÉJEUNER IDENTIQUE. À 12 HEURES 47, IL VA AU SALON, OÙ IL LIT LES JOURNAUX...

«Vol à la Banque d'Angleterre. 55 000 livres volées à la Banque d'Angleterre samedi dernier! L'énorme somme de 55 000 livres a disparu de la Banque!»

10 TOUS LES SOIRS IL JOUE AUX CARTES AVEC D'AUTRES MEMBRES DU CLUB. M. RALPH EST ADMINISTRATEUR DE LA BANQUE D'ANGLETERRE.

Bonsoir, Ralph. Eh bien, on a volé de l'argent à la Banque!

On a une description du voleur?

C'est un homme correct, un «gentleman» de bonnes manières. Il est assez grand. Il est entré dans la Banque samedi dernier, et puis il est parti avec l'argent.

Où est-il allé, le voleur?

On ne sait pas. Samedi après-midi des inspecteurs de police sont partis en Amérique et en Europe, dans tous les principaux ports. Mais la terre est vaste.

Maintenant, la terre est plus petite. On fait le tour du monde en 80 jours!

11 Impossible, M. Fogg!

Très possible, au contraire!

Eh bien, faites-le donc, le tour du monde en 80 jours!

Je le veux bien!

Quand?

12 Ce soir! Écoutez: j'ai une fortune de 40 000 livres. Je prends 20 000 livres pour le voyage. Voici un chèque de 20 000 livres. Si le voyage est impossible, je vous donne le chèque. Acceptez-vous?

20 000 livres? Oui, j'accepte!

Moi aussi!

13 Je consulte un calendrier... Aujourd'hui c'est le 2 octobre. Le train de Douvres part à 8 heures 45. Dans 80 jours, c'est le 21 décembre. Au revoir messieurs! Au samedi le 21 décembre, à 8 heures 45 du soir, ici dans le salon du Reform-Club!

14 Monsieur!! Mais il n'est pas minuit!

Je pars dans 10 minutes pour Douvres et Calais. Vous aussi!

On part?!! Dans 10 minutes!?! Mais les bagages?

15 Pas de bagages. Un seul sac — voilà. Attention! Il y a 20 000 livres dedans!

20 000 livres!! Monsieur fait un long voyage?

Oui! Je fais le tour du monde en 80 jours!

À SUIVRE...

1 dernier; hier

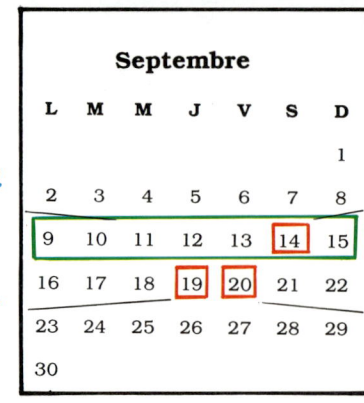

Septembre						
L	**M**	**M**	**J**	**V**	**S**	**D**
						1
2	3	4	5	6	7	8
9	10	11	12	13	14	15
16	17	18	19	20	21	22
23	24	25	26	27	28	29
30						

La semaine *dernière*

Samedi *dernier*

hier

aujourd'hui

2 La routine ... et le passé

Mouvement régulier, usuel:

Phileas Fogg **va** au Reform-Club **tous les jours**.

En France on **va** au collège **le samedi matin**.

Le week-end, je **vais très souvent** à la campagne.

Et toi, où **vas**-tu **d'habitude**?

Mouvement fini, au passé:

Hier, le 2 octobre, Phileas Fogg **est allé** à Douvres.

Samedi dernier, c'était Noël; on **est allé** à l'église.

Dimanche dernier, je **suis allé** à la plage.

Et toi, **le week-end dernier**, tu **es allé** où?

Présent	Passé
Je vais ...	Je suis allé ...
Tu vas ...	Tu es allé ...
... va ...	... est allé ...

3 Tu et vous

Tu

On dit **tu** à *un enfant* ou *une jeune personne*.

Vous

On dit **vous** à *un adulte* qui n'est pas membre de la famille.

On dit **tu** à *un membre de la famille, adulte ou enfant.*

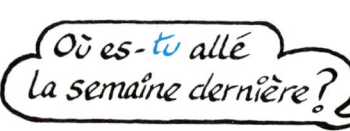

On dit **vous** à *des enfants* ou *des membres de la famille (pluriel).*

Toutes directions!

- *Nord, sud, est, ouest*
- *Le tour du monde continue*

Le monde des animaux en danger

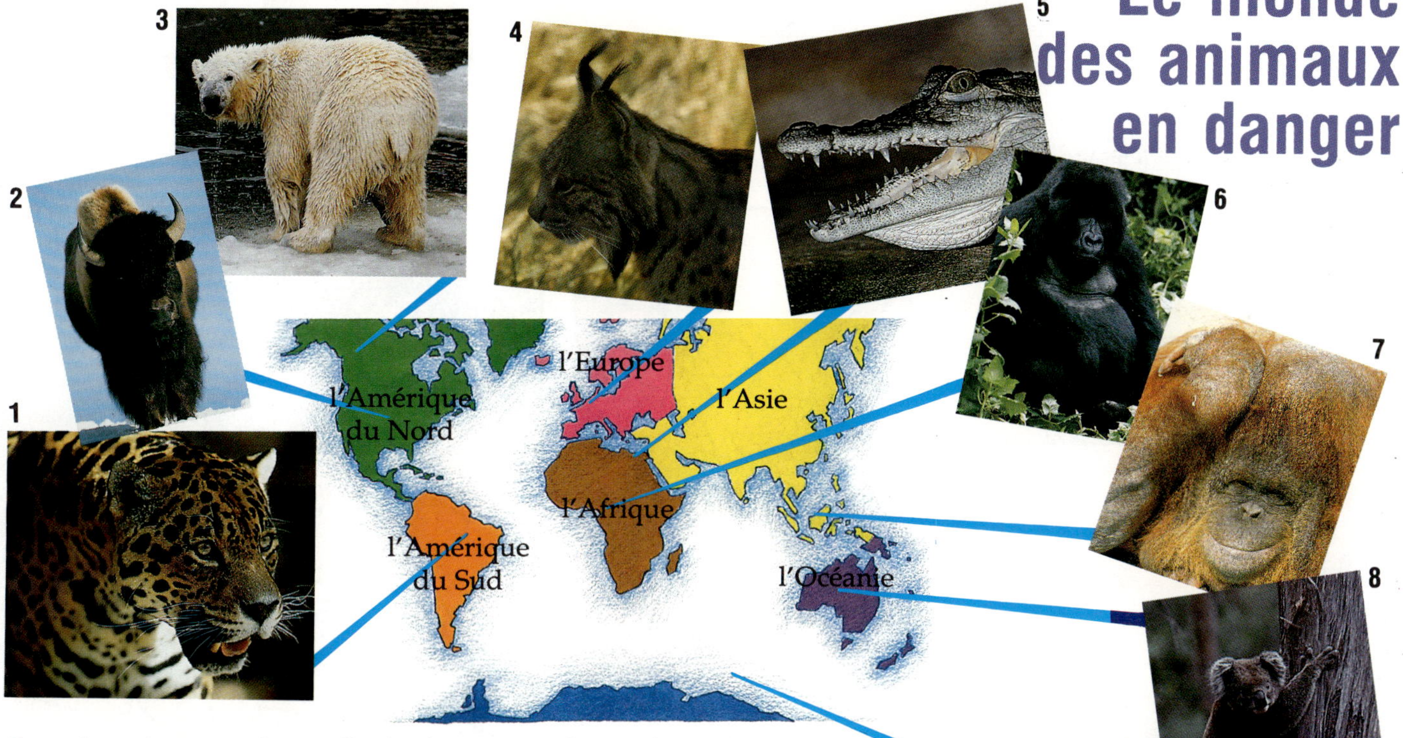

l'Europe

l'Amérique du Nord

l'Asie

l'Afrique

l'Amérique du Sud

l'Océanie

Il y a des animaux en danger d'extinction sur tous les continents du monde. Par exemple:

a Dans **l'Antarctique, la baleine bleue**, le plus grand animal sur Terre, est menacée d'extinction.

b En **Amérique du Nord, le bison** est menacé par la destruction des grandes prairies des Etats-Unis.

c En **Afrique, le crocodile** du Nil est en danger en Egypte.

d En **Afrique** aussi, **le gorille**, le plus grand des primates, vit* au Zaïre, mais il est rare maintenant. Il est menacé par la destruction des forêts africaines.

e En **Amérique du Sud, le jaguar** de la forêt humide du Brésil est en danger.

f En Australie, en **Océanie, le koala** était en danger, mais maintenant il est protégé.

g En **Europe, le lynx** d'Espagne est protégé maintenant dans une réserve.

h En **Asie du Sud-Est, l'orang-outan** vit* à Sumatra et Bornéo. Il est menacé par les demandes des zoos.

i Au Canada, en **Amérique du Nord, l'ours blanc** était en danger. Maintenant, une convention internationale protège l'ours blanc.

> *vit = habite

Quels sont les animaux sur les photos? Relie les photos **1** à **9** et les descriptions **a** à **i**. **Exemple** Photo **1**, c'est (**e**) le jaguar.

DOSSIER NATURE DOSSIER NATURE DOSSIER NATURE DOSSIER NATURE DOSSIER NATURE DOSSIER NATURE DOSSIER NATURE DOSSIER Ni

DOSSIER NATURE DOSSIER NATURE DOSSIER NATURE DOSSIER NATURE DOSSIER NATURE DOSSIER NATURE DOSSIER Ni

Radio ACTIVE

Jeu
Questions, questions!

Encore une édition du jeu populaire où Jean-Pierre Dubois pose trois questions à deux candidats, une fille et un garçon.

Aujourd'hui, les questions sont sur les animaux du monde et sur la géographie.

Série
Les Ados

Dans le dernier épisode des «*Aventures de la famille Latour*» la famille est partie en vacances avec Albert Monnot, un apprenti mécanicien, le copain de Dédé.

Albert adore la jolie Marie-Isabelle Latour. Mais Marie-Isabelle n'aime pas Albert: il n'est pas beau, il n'est pas riche, il n'est pas courageux – et il n'a pas de voiture. Pauvre Albert!

Marie-Isabelle Latour

Albert Monnot en vacances

2ᵉ épisode: Un voyageur retourne à la Maison des Jeunes

1 *Un jeune homme intéressant est arrivé au club. C'est qui?*

2 *Il raconte ses aventures pendant les grandes vacances.*

Santander, dans le nord de l'Espagne

Vannes, jolie petite ville en Bretagne

Douarnenez

Feuilleton
La plante magique
Episode 2: Le talisman

Le gnome Fsdap demande Morgane comme servante du duc de la Montagne Noire. Mais Gauthier, le père de Morgane, refuse. Maintenant Gauthier ne mange pas – c'est la magie du duc. Un pétale de la plante magique est nécessaire pour Gauthier. Mais la plante magique est sur la Montagne Noire au pays de l'Hiver.

La carte *Morgane habite sur la Montagne Verte, près de Bonneville; le duc de la Montagne Noire habite dans le pays de l'Hiver.*

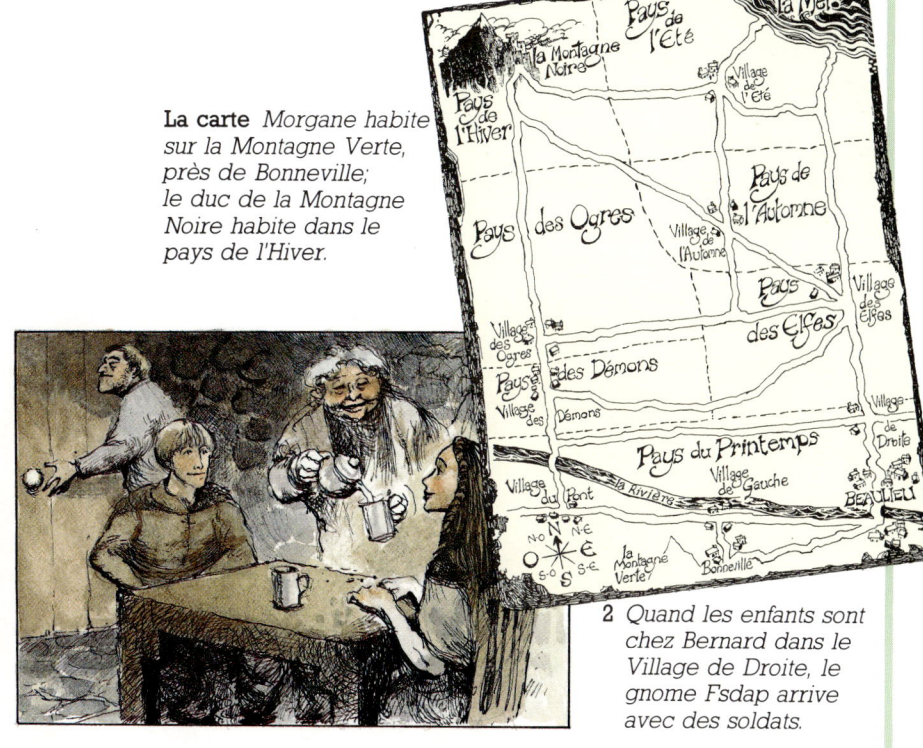

1 *Guillaume et Morgane sont arrivés à une rivière – mais il n'y a pas de pont.*

2 *Quand les enfants sont chez Bernard dans le Village de Droite, le gnome Fsdap arrive avec des soldats.*

ICI PARIS TELE CONTACT

On trouve beaucoup de nationalités! pendant les émissions d'ICI PARIS.

AU LYCEE INTERNATIONAL A PARIS

Regardez les interviews avec Marie, Nicolas, Alice, Patricia, Constance et Philippe.

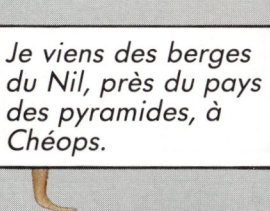

Je viens des berges du Nil, près du pays des pyramides, à Chéops.

Mes parents sont de nationalité portugaise.

Je suis né à Copenhague, au Danemark.

...estmonbeaufils'
...qu'il habite
...Egypte
...ais ce
...est pas vrai!).

Et Napoléon?
Il est né en Corse!

Fatima est d'origine algérienne et Suzette est d'origine portugaise.

▶ Quand vous regardez ICI PARIS, collectionnez les différentes nationalités représentées dans les dialogues et les images.

▶ Qui est né à Copenhague, au Danemark?
▶ Qui était à Dakar, au Sénégal, en Afrique?
▶ Qui est née à Milan dans le nord de l'Italie?
▶ Qui a un père anglais?
▶ Qui a un père néerlandais (hollandais)?

Arrivées à l'aéroport

Que sais-tu sur les souvenirs de pays différents?
Qui est allé où?

Exemple Personne numéro 1 dit «Moi, je suis allé en Australie.»

LES SALES GOSSES / GÉOGOSSE

Où sont-ils nés?

Voici huit personnes célèbres …

C'est qui?

a Elle est née en 1820 en Italie, et elle porte le nom d'une ville en Italie, mais elle n'était pas italienne. Elle est venue en Angleterre quand elle était petite. En 1854 elle est allée en Crimée, où elle a aidé les soldats à l'hôpital. Elle s'appelle … ?

b Il était commandant en chef de l'armée française, mais il n'est pas né en France. Il est né en Corse en 1769, et il est venu en France à l'âge de 10 ans. Il s'appelle … ?

c Elle est née en Tchécoslovaquie en 1956. Elle est venue aux Etats-Unis à l'âge de 19 ans. Elle s'appelle … ?

d Il est né en Angleterre vers 385. Il est allé en Irlande à l'âge de 16 ans. Son nom est très populaire en Irlande. Il s'appelle … ?

e Elle est née à Varsovie, la capitale de la Pologne, en 1867. Elle est venue en France à l'âge de 24 ans. Elle s'appelle … ?

f Il est né en Autriche en 1889. Il est venu en Allemagne à 24 ans. Il s'appelle … ?

g Agnes Bajaxhiu est née en Yougoslavie en 1910. A l'âge de 18 ans, elle est venue en Inde, où elle travaille pour les pauvres. Maintenant elle s'appelle … ?

h Karol Wojtyla est né en Pologne en 1910. Il habite à Rome en Italie, et il s'appelle … ?

1 Napoléon Bonaparte
(empereur des Français)

2 Marie Curie
(physicienne française)

3 Adolf Hitler
(dictateur allemand)

4 le pape Jean-Paul II

5 Martina Navratilova
(joueuse de tennis américaine)

6 Florence Nightingale
(infirmière anglaise)

7 Saint Patrick

8 la mère Teresa
(religieuse indienne)

Que sais-tu sur ...

LES CHIFFRES ROMAINS

Dans le système romain, des lettres représentent les nombres:

I	= 1
V	= 5
X	= 10
L	= 50
C	= 100
D	= 500
M	= 1000

Par exemple:

III = 1 + 1 + 1 = 3
VIII = 5 + 1 + 1 + 1 = 8
XXVI = 10 + 10 + 5 + 1 = 26

Attention!

VI = 5 + 1 = 6
XI = 10 + 1 = 11
LX = 50 + 10 = 60
CX = 100 + 10 = 110
MC = 1000 + 100 = 1100

mais **IV** = 5 − 1 = 4
IX = 10 − 1 = 9
XL = 50 − 10 = 40
XC = 100 − 10 = 90
CM = 1000 − 100 = 900

A toi, maintenant
C'est quel numéro?

a VII	**e** XIX	**i** LXIII
b XIII	**f** XLVI	**j** MCMI
c XXVI	**g** XCI	
d CXXVIII	**h** XLIV	

Quelle est la date du film?

Imagine que tu regardes un vieux film ... voilà la liste d'acteurs et d'actrices ... et enfin la date du film. Mais la date est très souvent en chiffres romains!

MCMLXXVII
=　M,　　CM,　LXX,　　VII
　1000 + 900 + 70　+　7 = 1977

Quelle est la date de ces films classiques?

1 CYRANO DE BERGERAC — MCMXC

2 CASINO ROYALE — MCMLXVII

3 CHANTONS SOUS LA PLUIE — MCMLII

4 AUTANT EN EMPORTE LE VENT — MCMXXXIX

5 BLANCHE NEIGE ET LES SEPT NAINS — MCMXXXVII

Après le vol de 55 000 livres à la Banque d'Angleterre, des détectives sont partis en Amérique et en Europe, dans tous les principaux ports …

En 80 jours? Impossible!

un mandat = un ordre

Le Français en Europe

UN ANAGRAMME

Remplace les **?** avec des noms et des mots ici à la page 21.

1 La **?** est un fleuve dans le nord-ouest de la France.

2 Les Alpes sont une chaîne de montagnes en Italie et dans le sud-**?** de la France.

3 La **?** est un fleuve dans le nord de la France.

4 L' **?** est un océan.

5 **?** est la capitale d'un tout petit pays.

6 La **?** est la mer qui sépare la France de l'Angleterre.

7 En Suisse, on parle français, allemand et **?**

8 Strasbourg est une ville dans l' **?** de la France.

9 Le **?** est un fleuve dans le sud-est de la France.

Maintenant mets les lettres initiales dans le bon ordre,
et tu as le nom d'un port important dans le sud de la France.

1 au, en

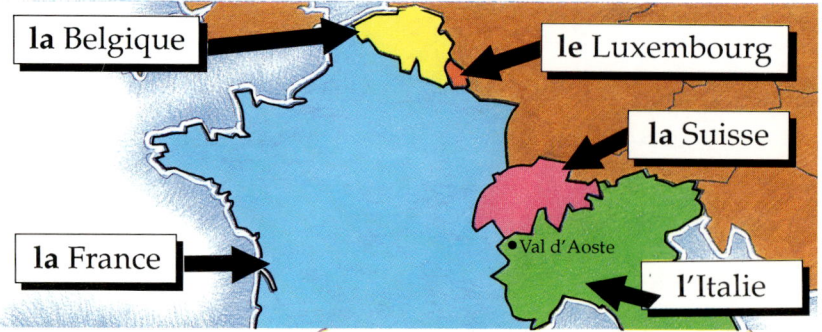

la Belgique
le Luxembourg
la Suisse
la France
l'Italie
• Val d'Aoste

On parle français **en** Belgique, **en** Suisse, **en** France, **au** Luxembourg, et aussi dans le Val d'Aoste **en** Italie.

la → en
l' → en
le → au

2 Actions au passé

PENDANT LES GRANDES VACANCES, JE SUIS RESTÉ UN MOIS AU SAHARA.

clic.

"Phileas Fogg *est parti* de Londres le 2 octobre. Le 3 octobre il *est arrivé* à Calais en France, et puis il *est allé* à Brindisi en Italie. Il est parti de Brindisi samedi dernier sur le bateau qui fait le voyage de Brindisi à Bombay par le canal de Suez…"

Ah, les journaux *sont arrivés* d'Angleterre.

Martina Navratilova **est née** en Tchécoslovaquie. Elle **est venue** aux Etats-Unis en 1975.

	action au passé		quand au passé
Je suis	allé* …	parti* …	en 19 …
Tu es	arrive* …	resté* …	pendant les vacances.
… est	né* …	venu* …	à l'âge de … ans.
… sont			

*Féminin:	allée	arrivée	née	partie	restée	venue
Pluriel:	allés	arrivés	nés	partis	restés	venus

3 C'est où?

Je suis né **près d'**Alger, **dans le nord** de l'Algérie.

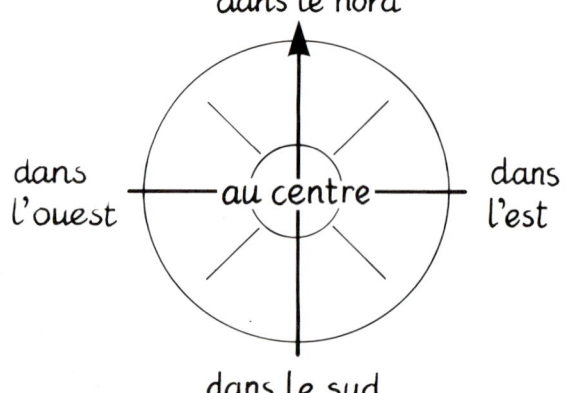

dans le nord

dans l'ouest — au centre — dans l'est

dans le sud

Monde de contrastes

Les grandes langues du monde

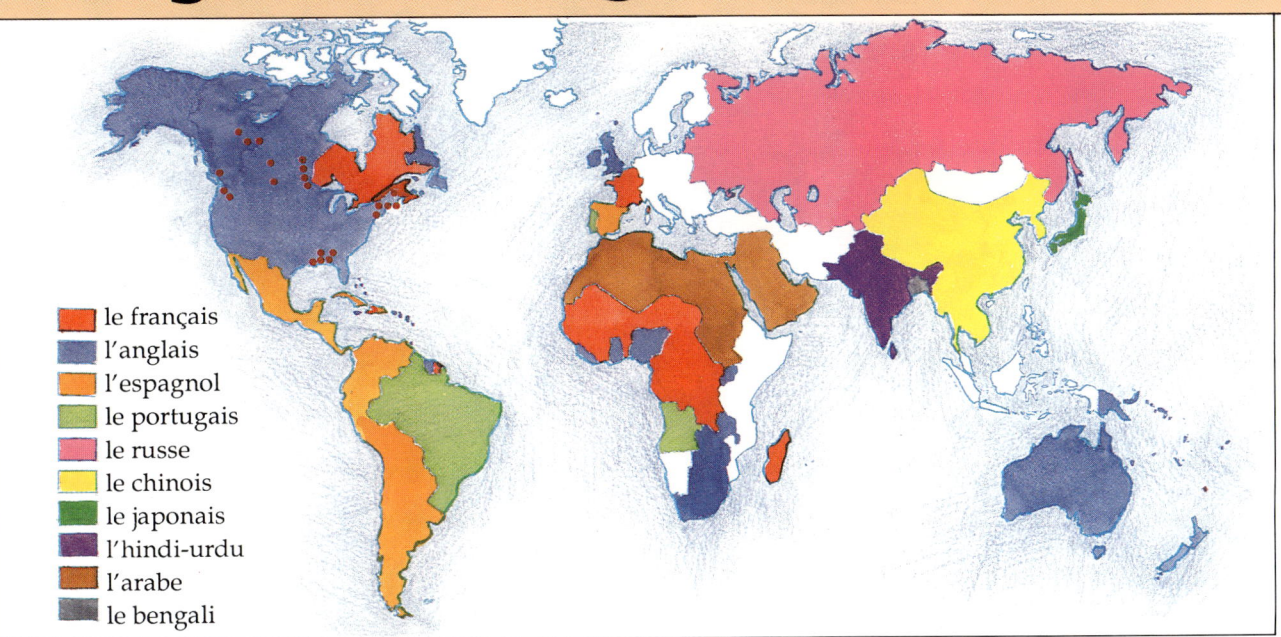

- 🟥 le français
- 🟦 l'anglais
- 🟧 l'espagnol
- 🟩 le portugais
- 🟥 le russe
- 🟨 le chinois
- 🟩 le japonais
- 🟪 l'hindi-urdu
- 🟧 l'arabe
- ⬜ le bengali

Beaucoup d'Européens sont partis de l'Europe après les voyages des grands explorateurs (Christophe Colomb, Fernand de Magellan, le capitaine Cook etc.).

Par exemple, des Espagnols et des Portugais sont allés en Amérique centrale et en Amérique du Sud, et beaucoup d'Anglais sont allés en Amérique du Nord, en Australie et en Nouvelle-Zélande.

Voilà pourquoi on parle des langues européennes en Amérique et en Océanie.

Que sais-tu sur les grandes langues?

Complète les phrases, par exemple: **1** On parle chinois en Chine.

1 On parle chinois

2 On parle anglais

3 On parle russe

4 On parle espagnol

5 On parle hindi

6 On parle arabe

7 On parle bengali

8 On parle portugais

9 On parle japonais

10 On parle français

au Bangladesh et en Inde.	au Brésil.
en Inde et au Pakistan.	au Canada et en Belgique.
au Chili et en Argentine.	en Chine.
en Australie et en Afrique du Sud.	au Japon.
au nord de l'Afrique et en Moyen-Orient.	en Russie.

Actualités

Le polyglotte d'Europe

«Quelles langues parlez-vous?»

Voilà la question qu'on pose aux finalistes dans le concours annuel «Le polyglotte d'Europe». (Un polyglotte, c'est une personne qui parle beaucoup de langues.)

Caroline Roland de *RadioActive* interviewe l'organisateur du concours, et l'homme en première position, le «polyglotte d'Europe» de l'année, M. Derik Herning.

Caroline va à Bruges en Belgique pour le concours «Polyglotte d'Europe»

Feuilleton

La plante magique

Morgane et Guillaume cherchent la plante magique pour Gauthier, leur père.
Les enfants sont en route pour la Montagne Noire au pays de l'Hiver.
Les enfants étaient dans une ferme. Le gnome Fsdap est arrivé avec des soldats. Morgane et Guillaume sont vite partis vers le nord, et les soldats sont allés vers l'ouest. Maintenant, les enfants arrivent au Village des Elfes.

Episode 3: Conversations avec des elfes!

1 *Les elfes sont gentils, mais il y a un problème: ici on parle la langue des elfes.*

2 *Le chef des elfes offre beaucoup de vin à Guillaume et à Morgane.*

Série
Les Ados

3ᵉ épisode: Un étranger
à la Maison des Jeunes

1 *Ce sont des gorilles? Non, c'est Guy et Grégoire, qui travaillent pour Jojo.*

2 *Terry Preston (qui?) donne un concert au club.*

3 *Le 'concert' de Terry Preston a fini.*

4 *Albert reste avec Rosie; Jojo n'aime pas ça.*

Jean et Sirine sont allés compter les touristes devant deux monuments parisiens.

*Bonjour! A la Tour Eiffel, j'ai compté *** personnes qui sont montées à pied, et *** personnes qui ont pris l'ascenseur.*

*Salut! A l'Arc de Triomphe j'ai compté *** Japonais, *** touristes européens, *** touristes américains, et *** Scandinaves.*

▶ Quel est le monument le plus visité?

LE FESTIVAL DE LA DANSE AFRICAINE

Regardez la danse et les masques africains, et les interviews avec Amina, Farida, Awa et Penda.

▶ Qui est originaire d'un pays en Afrique de l'Ouest, sur l'Atlantique?

▶ Qui est originaire d'un pays en Afrique du Nord?

▶ Qui est originaire d'un pays énorme en Afrique de l'Ouest?

L'AFRIQUE FRANCOPHONE

Voici des pays où l'on parle français en Afrique.

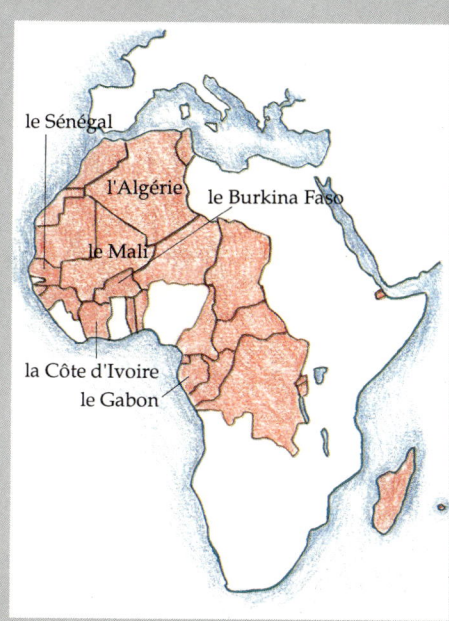

le Sénégal
l'Algérie
le Burkina Faso
le Mali
la Côte d'Ivoire
le Gabon

L'inspecteur Migraine

à une conférence internationale

1. Conférence internationale du Québec: La police et le criminel.

Bonjour. Je m'appelle Migraine.

Et moi, je suis Signor Fellini.

CONTRÔLE TECHNIQUE

LUPIN BELGIQUE — MIGRAINE FRANCE — FELLINI BRÉSIL

2. Vous parlez français?

Comment? Vous parlez trop vite! Je parle un peu français. Je ne comprends pas très bien le français.

3. Vous parlez quelles langues?

Euh... Je parle espagnol.

Notre-Dame de Paris, Victor Hugo

4. L'homme qui parle, c'est qui?

C'est l'inspecteur Porcin, de Québec.

5. Moi, je comprends le criminel.... Le criminel, c'est l'ennemi..... J'ai beaucoup d'ennemis! ...

Bla — Bla — zzzz

FELLINI BRÉSIL — LINDQUIST NORVÈGE — SMITH GRANDE-BRETAGNE — POPOPOLOUS GRÈCE

6. Moi, je comprends pourquoi il a beaucoup d'ennemis! Ça fait deux heures qu'il parle comme ça!

ATTENTION!!

7. Ah!

VLADABOUM!!

8. Juste à temps! Mais, Migraine, je ne comprends pas...?

C'est simple. J'ai vu un crime comme ça l'année dernière, en France. Le suspect était un jeune Français qui s'appelle Marc Lemeurtrier. Mais il est parti à l'étranger. Si Lemeurtrier est venu ici à Québec..?

9. Vous, vous n'êtes pas 'Signor Fellini' du Brésil - vous êtes Marc Lemeurtrier, de France!

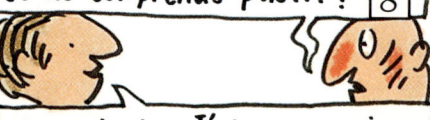

Tu es bon(ne) détective? Trouve la solution du mystère ...

L'inspecteur Migraine sait que l'homme n'est pas innocent – mais comment? Trouve les trois preuves!

Un monde de contrastes

On parle français sur cinq continents: en Europe, en Amérique du Nord, en Amérique du Sud, en Afrique noire et dans des îles d'Océanie.

 Ici le français est la langue officielle.

 Ici le français est la langue d'éducation.

Observe quelques différences entre les pays où on parle français. Il y a une grande variété de saisons et de climats.

1 *Montréal au Québec en automne.*

2 *La France au printemps.*

En Europe et au Canada il y a quatre saisons: l'hiver, le printemps, l'été et l'automne.

Sous les tropiques, il fait chaud. Il y a deux saisons: la saison sèche (il ne pleut pas) et la saison humide (il pleut).

Dans les régions polaires, l'hiver est long. En été, le soleil ne se couche pas.

3 *La Martinique, une île touristique de plages, bananes, montagnes et forêts tropicales.*

4 *La lecture d'une bande dessinée en français, en Afrique, pendant la saison sèche.*

5 *En Terre Adélie, la partie française de l'Antarctique, il fait froid toute l'année.*

Et toi? Quelle est ta saison préférée? Le printemps, l'été, l'automne ou l'hiver?

Phileas Fogg et son domestique Passepartout
sont partis de Bombay en train …

Une aventure en deux épisodes.

Le voyage de Fernand de Magellan
Le premier tour du monde

1519 : Le départ

C'est l'an 1519. Dans la ville de Valladolid, en Espagne, Fernand de Magellan arrive chez le roi Charles I d'Espagne.

Dans les bateaux, il y a 400 kilos de fromages et 7 tonnes de biscuits de mer – une galette très dure, faite de farine et d'eau.
Le 20 septembre 1519, 262 hommes sont partis de l'Espagne pour l'aventure, sous les ordres de Magellan.

Au milieu de l'Atlantique, près de l'équateur, les cinq bateaux entrent dans une zone sans vent.

1 Problèmes de langue

Vous parlez français?

Comment? Vous parlez trop vite! Je parle un peu français. Je ne comprends pas très bien le français.

2 Négatifs

Oh, oui, M. Fogg. En Inde je suis en danger et je n'ai pas de famille. Mais j'ai un cousin à Hong Kong.

Ici c'est le village de Kholby. Il y a des rails de Bombay à Kholby. Et il y a des rails d'Allahabad à Calcutta. Mais il n'y a pas de rails de Kholby à Allahabad?

On descend ici? Pourquoi? Je ne comprends pas.

Moi, je comprends!

	VERSION POSITIVE	VERSION NEGATIVE
	Je comprends.	Je **ne** comprends **pas**.
	Il y a . . .	Il **n'**y a **pas** . . .
	J'ai . . .	Je **n'**ai **pas** . . .

3 Les quatre saisons

(du peintre italien Guiseppe Arcimboldo 1527–1593)

a L'automne **En** automne il y a du raisin.

b L'été **En** été il y a des fruits.

c Le printemps **Au** printemps il y a des fleurs.

d L'hiver **En** hiver il n'y a ni raisin, ni fruits, ni fleurs.

Mets les quatre phrases dans l'ordre des images 1 à 4.

1

2

3

4

Tu voudrais faire des découvertes?

■ **Tu serais un bon explorateur? Page 40!**

**Série
Les Ados**

4ᵉ épisode: Découvrez votre personnalité

1 *Albert et Marie-Isabelle jouent avec la nouvelle machine – à la grande joie de Jojo.*

2 *Mais quand les autres refusent de jouer avec la machine, Jojo n'est pas content.*

MICRO MOBILE

Dans une agence de voyages

Aujourd'hui Jean-Pierre Dubois est dans l'agence de voyages de Marc Valoin.

Feuilleton

La plante magique

Episode 4: Tentations et dangers

Morgane et Guillaume sont partis du pays des Elfes – mais où sont-ils maintenant?
Le village est pittoresque, l'hôtel est confortable, mais Morgane a une impression de danger ...

AU RESTAURANT

Au restaurant «L'Ecluse», il y a du saucisson fumé, du fromage, du jus d'orange, du jus de raisin, des escargots, et des cuisses de grenouilles pour Jean et Sirine!

A LA CANTINE

A la cantine on mange des pâtes, de la viande hachée, des haricots, du riz, et un dessert.

▶ Et toi, qu'est-ce que tu voudrais manger? Et où?

QUELS PAYS VOUDRAIS-TU VISITER?

Je voudrais aller à Chicago!

Et moi, je voudrais aller à Hollywood!

Au lycée international, Alexandre dit:

J'aimerais bien visiter ...

- Et Alice? «Je voudrais bien aller ...»
- Et Sabrina? «J'aimerais bien visiter ...»
- Et Constance? «J'aimerais énormément visiter ...»

▶ Et toi? Quel pays voudrais-tu visiter?

Dernier épisode

Le voyage de Fernand de Magellan
Le premier tour du monde

1520 : Découvertes

Les chefs de la mutinerie sont morts, mais les problèmes de Magellan ne sont pas finis.
Le froid continue. Maintenant, il y a seulement quatre bateaux.

Le 21 octobre 1520 : Magellan va toujours vers le sud. Il explore en vain, mais il n'accepte pas d'abandonner l'expédition. Soudain, c'est la panique !

Aïe, quel vent !

Manoeuvrez !

C'est une tempête !

C'est impossible !

Voilà une baie. Attention aux rochers !

Mais… l'eau n'est pas douce, elle est salée !

Alors… C'EST LE PASSAGE !

Aujourd'hui le passage s'appelle le « Détroit* de Magellan ». (* un détroit = un passage de mer entre deux côtes).

Non, c'est une rivière..

Maintenant il y a seulement trois bateaux. Le détroit est long, dangereux et mystérieux.

Capitaine, regardez : il y a des lumières mystérieuses, des feux…

Mais il n'y a pas d'hommes !

J'appelle cette terre la « Terre de feu* »

(* Tierra del Fuego en espagnol).

Enfin, le 24 novembre 1520 :

Capitaine, le passage est fini. Voilà la mer !

Hourra ! Maintenant on va partir en Espagne !

On va rentrer vite à la maison !

C'est une petite mer très calme, très tranquille. Je l'appelle « Pacifique* »

(* pacifique = tranquille, calme).

Le voyage est presque fini !

Quelle erreur! Les jours de grand calme sont très rares là-bas. Normalement, les vents, les tempêtes et les courants sont féroces. Et le Pacifique n'est pas une petite mer ; c'est un océan énorme.

1521–1522 : Le retour

Magellan n'est pas près de l'Europe. Le voyage terrible va continuer.

> **25** Donnez-moi du biscuit! — Mais le biscuit est tout plein d'insectes et d'urine de rat...
>
> **26** 20 hommes sont morts de faim, quand enfin les survivants arrivent aux îles Philippines. — Enfin, on va manger! — Et on va boire de l'eau fraîche!
>
> **27** On mange et on boit enfin, mais le danger n'est pas fini. 1500 habitants d'une île attaquent les bateaux de Magellan. — Aïe! Je suis empoisonné!
>
> **28** Magellan est mort, mais deux bateaux continuent le voyage, et arrivent aux îles Moluques, la destination de Magellan.

Et enfin, le 6 septembre 1522, trois ans après le départ, *un seul bateau*, plein d'épices, retourne à Séville en Espagne.
Et les 262 marins? Maintenant, il y a *18 hommes* squelettiques – 244 hommes sont morts. Mais le premier tour du monde est accompli, grâce à un navigateur génial et obstiné: Fernand de Magellan.

C'est une erreur!

Magellan est courageux, mais il ne comprend pas la géographie du monde. Cherche les erreurs de Magellan et des marins dans les deux épisodes.

Trouve les images où Magellan ou un marin fait une erreur par ignorance. Copie les erreurs.

Exemple Image numéro 6: Il y a une route directe et rapide dans l'ouest. Erreur!

Il y a six autres erreurs dans le dialogue, dans quatre autres images.

Intentions et désirs

Cherche les intentions et désirs de Magellan et des marins dans les deux épisodes.

Copie les phrases dans le dialogue où on dit «veux», «veut», «voudrais» «vais» ou «va».

Puis, coche (✓) les phrases vraies en réalité.

Exemple Image numéro 1:Il veut parler au roi.
(C'est vrai: Magellan est allé parler au roi.)

Il y a 11 autres phrases d'intentions et de désirs dans le dialogue, dans sept autres images.

Phileas Fogg, Passepartout et Mme Aouda sont arrivés à Hong Kong. Phileas Fogg est allé chercher le cousin de Mme Aouda. Le détective Fix est arrivé à Hong Kong aussi!

8 — Mme Aouda va partir aussi ?

Oui. Le cousin de madame est parti de Hong Kong — il est allé en Hollande. Je ne veux pas laisser Mme Aouda ici.

Moi aussi, je préfère voyager avec vous, M. Fogg.

9 — LES VOYAGEURS SONT ARRIVÉS À YOKOHAMA LE 14 NOVEMBRE. L'INSPECTEUR FIX EST ALLÉ TOUT DE SUITE CHEZ LE CONSUL ANGLAIS...

Monsieur le consul, est-ce que le mandat d'arrestation de Phileas Fogg est arrivé ?

Oui, M. Fix. Mais voulez-vous arrêter ce Fogg ?

Ah oui ! Aujourd'hui ! Il veut partir pour l'Amérique aujourd'hui !

10 — Mais c'est impossible ! Le Japon n'est pas un territoire anglais. L'Amérique non plus. Si vous n'avez pas d'acte d'extradition, abandonnez la mission !

Jamais ! Je préfère aller en Amérique avec Fogg !

11 — LE 3 DÉCEMBRE, PHILEAS FOGG, PASSEPARTOUT, MADAME AOUDA — ET LE DÉTECTIVE FIX AUSSI — SONT ARRIVÉS À SAN FRANCISCO, EN CALIFORNIE...

12 — PHILEAS FOGG VA À LA GARE...

À quelle heure part le premier train pour New York ?

À 6 heures du soir. Il arrive à New York le 11 décembre, le matin.

Très bien. Le prochain bateau pour Liverpool part le 11 décembre à 9 heures du soir.

13 — Moi, je voudrais chercher des revolvers Colt. On dit que des Indiens attaquent les trains...

Comme vous voulez, Passepartout.

14 — LE TRAIN QUITTE SAN FRANCISCO ET TRAVERSE L'AMÉRIQUE PENDANT TROIS JOURS ET TROIS NUITS. SOUDAIN, LE 7 DÉCEMBRE...

Le train est attaqué par une bande de Sioux !

LES HOMMES ET MME AOUDA, REVOLVER À LA MAIN, DÉFENDENT LE TRAIN HÉROÏQUEMENT. PASSEPARTOUT EST TRÈS COURAGEUX. IL EST EN GRAND DANGER ! À SUIVRE..

CHAT, CHIEN... OU AIGLE?
Tu voudrais faire des découvertes?

Tu voudrais être un grand explorateur? Ou bien, tu préfères rester à la maison?
Pour les questions 1 à 8, choisis a, b ou c. Note tes réponses.

1 C'est l'hiver; il neige.
   a Tu aimes jouer dans le jardin.
   b Tu voudrais faire du ski dans les Alpes.
   c Tu préfères rester à la maison, au chaud.

2 Tu fais du camping avec des copains, et il pleut.
   a Ça va; la pluie n'est pas dangereuse! Tu veux rester là.
   b Tu préfères chercher un hôtel pour la nuit.
   c Tu voudrais rentrer à la maison.

3 Tu es riche! Tu as 10 000 francs!
   a Tu vas faire un voyage à l'étranger.
   b Tu vas acheter un magnétoscope moderne et beaucoup de vidéos.
   c Tu vas mettre l'argent à la banque.

4 Tu es en ville avec des copains. On veut manger.
   a Toi, tu veux prendre un hamburger à McDonalds.
   b Tu voudrais aller dans un restaurant étranger – chinois ou indien par exemple.
   c Tu préfères acheter du chocolat dans un magasin.

Résultats: à la page 42.

5 Tu es dans un restaurant chinois qui offre aussi des plats européens.
   a Tu voudrais manger un plat chinois.
   b Tu préfères manger un plat européen.
   c Tu voudrais aller dans un autre restaurant.

6 Tu as 18 ans et tu vas partir en vacances avec des copains. Où aller?
   a Tu voudrais aller en Russie – c'est intéressant.
   b Tu voudrais faire du camping à la campagne près de chez toi – c'est tranquille.
   c Tu voudrais visiter la Patagonie – c'est une région froide et mystérieuse.

7 Tu passes deux semaines sur une île montagneuse en Grèce.
   a Tu adores rester sur la superbe plage tous les jours.
   b Tu voudrais faire une excursion à pied à la montagne.
   c Tu aimes visiter des sites historiques des fois.

8 Tu es capitaine d'un des bateaux de Fernand de Magellan. Il fait très froid, les repas sont mauvais et c'est possible que le passage vers l'ouest n'existe pas.
   a Tu voudrais abandonner l'expédition et retourner en Europe.
   b Tu veux changer de direction et aller aux îles Moluques par l'est.
   c Tu préfères continuer l'aventure et chercher un passage de mer dans le sud de l'Amérique.

Courrier

Des pays ...
des passions

AVEZ-VOUS UNE PASSION POUR UN PAYS?

Dans le Numéro 1, un lecteur, Paul, a posé la question «Avez-vous une passion pour un pays?» Voici des réponses. Merci à tous et à toutes pour vos lettres.

Je suis canadienne, de père français. Mon pays préféré est la France. Je retourne en France chaque année. J'adore la campagne française et les grandes villes. En plus, les Français sont un peuple sympa.

Catherine

Moi aussi, j'ai une passion pour un pays, pour l'Australie. J'aime sa sauvagerie, ses mystères, sa faune et sa flore. Je voudrais partir seul faire le tour d'Australie.

Alain

Paul, je suis fou de l'Egypte. J'écris des poèmes, je collectionne les timbres, les posters, les photos et les livres sur l'Egypte. Moi, comme cadeau d'anniversaire, je voudrais un billet d'avion pour Le Caire, ou bien un cours d'arabe.

David

Moi, je suis allée en Italie avec ma classe de 3e. C'est un pays vraiment formidable. Les Italiens sont super sympas et parlent très bien le français. Maintenant j'ai deux correspondantes à Florence. Je voudrais retourner là-bas.

Estelle

Vois-tu, Paul, j'ai une «passion». Les vacances dernières, je suis partie pour un état lointain: le Québec. Et je suis tombée «amoureuse» de ce pays merveilleux.

Anne

Paul, moi j'ai une passion pour un pays très particulier, l'Angleterre. J'aime cette île parce que c'est un pays britannique. J'aime beaucoup parler anglais (c'est une passion aussi). J'adore les taxis, les autobus rouges à deux étages, les menus, les maisons avec leurs portes rouges, noires, bleues, jaunes, etc. Toutes ces choses sont fantastiques. Je vais aller là-bas deux semaines: quelle joie!

Anne-Laure

J'aime beaucoup le Japon; je trouve que c'est un pays fabuleux plein de traditions et de modernisme.

Sylvain

Moi, j'aime les Etats-Unis. C'est un pays très grand, avec une histoire. Il existe une grande différence entre les états: le Texas et ses cowboys, New York et ses gratte-ciel ... C'est aussi le pays de Walt Disney et de Hollywood, la capitale du cinéma. C'est aussi le pays des pionniers du Far West, comme Buffalo Bill. C'est un pays très avancé industriellement. Je voudrais bien aller là-bas.

Etienne

CHAT, CHIEN... OU AIGLE?

Résultats du jeu-test à la page 40

Fais le total de tes points:

1	a 2	b 3	c 1		5	a 3	b 2	c 1
2	a 3	b 2	c 1		6	a 2	b 1	c 3
3	a 3	b 1	c 2		7	a 1	b 3	c 2
4	a 2	b 3	c 1		8	a 1	b 2	c 3

8 à 13 points

Tu es un chat!

En général, tu es calme, tranquille et content. Tu apprécies beaucoup les avantages et les conforts de la vie moderne. Tu aimes ta maison et ta région, Pourquoi chercher des difficultés quand il y a le confort chez toi? Tu n'es pas un Christophe Colomb, ni un Neil Armstrong!

14 à 19 points

Tu es un chien!

Tu es intelligent, actif et curieux. Tu aimes bien t'amuser. Tu aimes les expériences nouvelles et un peu différentes, mais tu ne veux pas prendre de risques. Tu travailles bien en général, mais tu es vite découragé quand il y a des obstacles.

20 à 24 points

Tu es un aigle!

Pour toi, le parfum de l'aventure est irrésistible! Tu es courageux, énergique et capable de grandes choses. Mais attention – tu aimes beaucoup prendre des risques. Les montagnes, les distances, les conquêtes sont pour toi – mais les désastres aussi.

Mécanique de la langue française 4

1 Qu'est-ce qu'on aime faire?

J'aime	all**er** . . .
Je déteste	chant**er** . . .
J'adore	dans**er** . . .
Je préfère	écout**er** . . .
Je voudrais	jou**er** . . .
Je veux	mang**er** . . .
Je vais	parl**er** . . .
	pass**er** . . .
	regard**er** . . .
	rest**er** . . .
	retourn**er** . . .
	travaill**er** . . .
	visit**er** . . .
	voyag**er** . . .
	boi**re** . . .
	fai**re** . . .
	li**re** . . .
	prend**re** . . .
	part**ir** . . .

2 Et vous?

Vous all**ez** à la campagne?
Vous voul**ez** écouter les oiseaux?
Ou vous préfér**ez** rester en ville?

> Vous —**ez**

3 Au futur

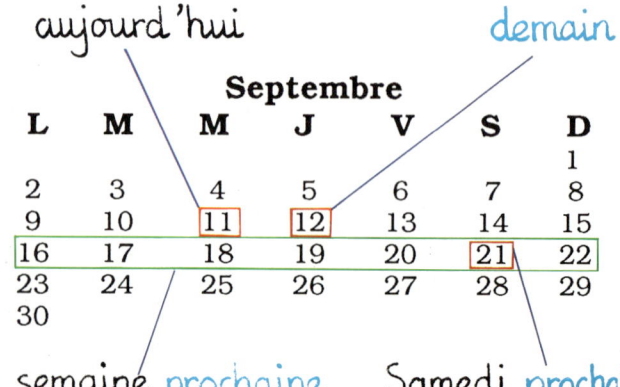

En voyage!

■ *En voyage! Mais comment? Quel est ton moyen de transport préféré?*

SUPERMOUTON ★ *LE MOUTON DIFFÉRENT DES AUTRES!*

LES TRANSPORTS EN VILLE

– un problème d'aujourd'hui

QUELLE SOLUTION?

Les transports en commun?
(= les transports publics)

LE PROBLEME

1 *Il y a trop de voitures en ville.*

On travaille au centre-ville

Dans une grande ville, beaucoup de gens travaillent au centre-ville mais préfèrent habiter près de la campagne. Très souvent, une grande distance sépare les quartiers résidentiels de la ville (les maisons) des lieux de travail (les magasins, les bureaux, etc.).

Tous les jours en semaine, on va au travail – mais comment?

Quand la distance est grande, on ne va pas **à pied**. Trop souvent, on préfère aller **en voiture** – en général avec une ou deux personnes au maximum dans la voiture. La voiture est pratique et confortable, mais elle contribue à la pollution de la cité.

2 *On organise un service de cars pour les enfants.*

L'autobus transporte beaucoup de passagers, mais il est gros et il contribue aux embouteillages.

Le métro, au contraire, va **sous** la ville. Il y a un métro dans plus de 40 villes de différents pays.

3 *Le métro à Lille est moderne (1983) et complètement automatique. Regarde à l'intérieur du train: il n'y a pas de conducteur!*

Le tramway roule sur des rails et fonctionne à l'électricité. En Europe, il n'y a pas beaucoup de tramways maintenant. On préfère le bus. Mais le tramway est un moyen de transport économique et non polluant.

4 *Un tramway à San Francisco aux Etats-Unis.*

ET TOI?

Un petit sondage, 1ere partie.

Copie et complète
a à **f** avec des phrases dans les cases:

a J'habite …
> au centre-ville.
> à la campagne.
> en ville.

b Je préfère habiter …
> au centre-ville.
> à la campagne.
> en ville.

c Ma famille …
> a une voiture
> a des voitures.
> n'a pas de voitures.

d A l'âge de 18 ans …
> je voudrais une voiture.
> je ne voudrais pas de voiture.

e En général, je vais en ville …
> à pied.
> en voiture.
> par un autre moyen de transport.

f Dans ma ville, il y a …
> trop d'embouteillages.
> trop de pollution.
> trop de bruit.
> trop de voitures.

*Si un membre de ta famille va au travail, complète **g** aussi:*

g
> Mon père Mon frère
> Ma mère Ma sœur

va au travail
> à pied.
> en voiture.
> par un autre moyen de transport.

Les deux-roues?

La moto (motocyclette) ne cause pas d'embouteillages, mais elle est très polluante et elle fait beaucoup de bruit.

5 La moto, on adore ou on déteste!

Pour les jeunes, **le vélo** et **le vélomoteur** sont populaires et pratiques. Un vélomoteur est un vélo avec un moteur de petite cylindrée (au maximum 50 cm^3). En France, on fait du vélomoteur à l'âge de 14 ans; un examen pour le permis de conduire n'est pas nécessaire – quelle joie!

Un 'deux-roues', c'est la liberté, le dynamisme, le sport. Mais c'est aussi le danger de mort. Quand on est jeune, on prend souvent des risques. Les accidents de la route sont la principale cause de mort des jeunes dans tous les pays européens, mais surtout en France. Il y a 2 000 conducteurs de deux-roues morts en France chaque année.

Ou un autre moyen de transport?

L'hélicoptère a une cabine spacieuse et confortable. Un aéroport n'est pas nécessaire pour un hélicoptère; il atterrit sur un toit. Mais l'hélicoptère ne va pas vite, il coûte cher, il fait du bruit et il consomme beaucoup d'énergie.

6 Un pousse-pousse à Hong Kong.

Un taxi à moteur humain est silencieux et écologique – mais quel effort pour le pauvre «chauffeur de taxi»!

LE JEU DES IMAGES

Regarde les images 1 à 6, et lis les descriptions **a** à **e**. Ecris le **numéro** de l image et le **moyen de transport**:

le car | la moto | le métro
le taxi | le tramway | la voiture.

Exemple Elle contribue à beaucoup de problèmes en ville

1 la voiture

a Il est pratique seulement pour les petites distances. On paie le chauffeur.

b Elle est souvent très rapide et dangereuse.

c C'est un moyen de transport souterrain* important inventé à Londres. (*souterrain: qui passe sous la terre)

d Il transporte des élèves à l'école.

e Il n'est pas moderne, mais il est silencieux, économique et écologique.

ET TOI?

Continue le petit sondage:

h Je prends les transports en commun . . .

très souvent.

des fois.

i Dans ma ville . . .

il y a un métro.

il n'y a pas de métro.

j Un tramway en ville, c'est . . .

une bonne idée.

une mauvaise idée.

k Pour les élèves de mon école . . .

il y a un car.

il n'y a pas de car.

l J'ai un vélo.

Je n'ai pas de vélo.

m J'aime les motos.

Je déteste les motos.

n Les vélomoteurs pour les jeunes de 14 ans, c'est . . .

une bonne idée.

une mauvaise idée.

o Je voudrais un vélomoteur.

Je ne voudrais pas de vélomoteur.

p En ville, je préfère aller . . .

en bus.

en taxi

à pied.

en voiture.

en métro.

Que sais-tu sur
LES ORIGINES DES TRANSPORTS?

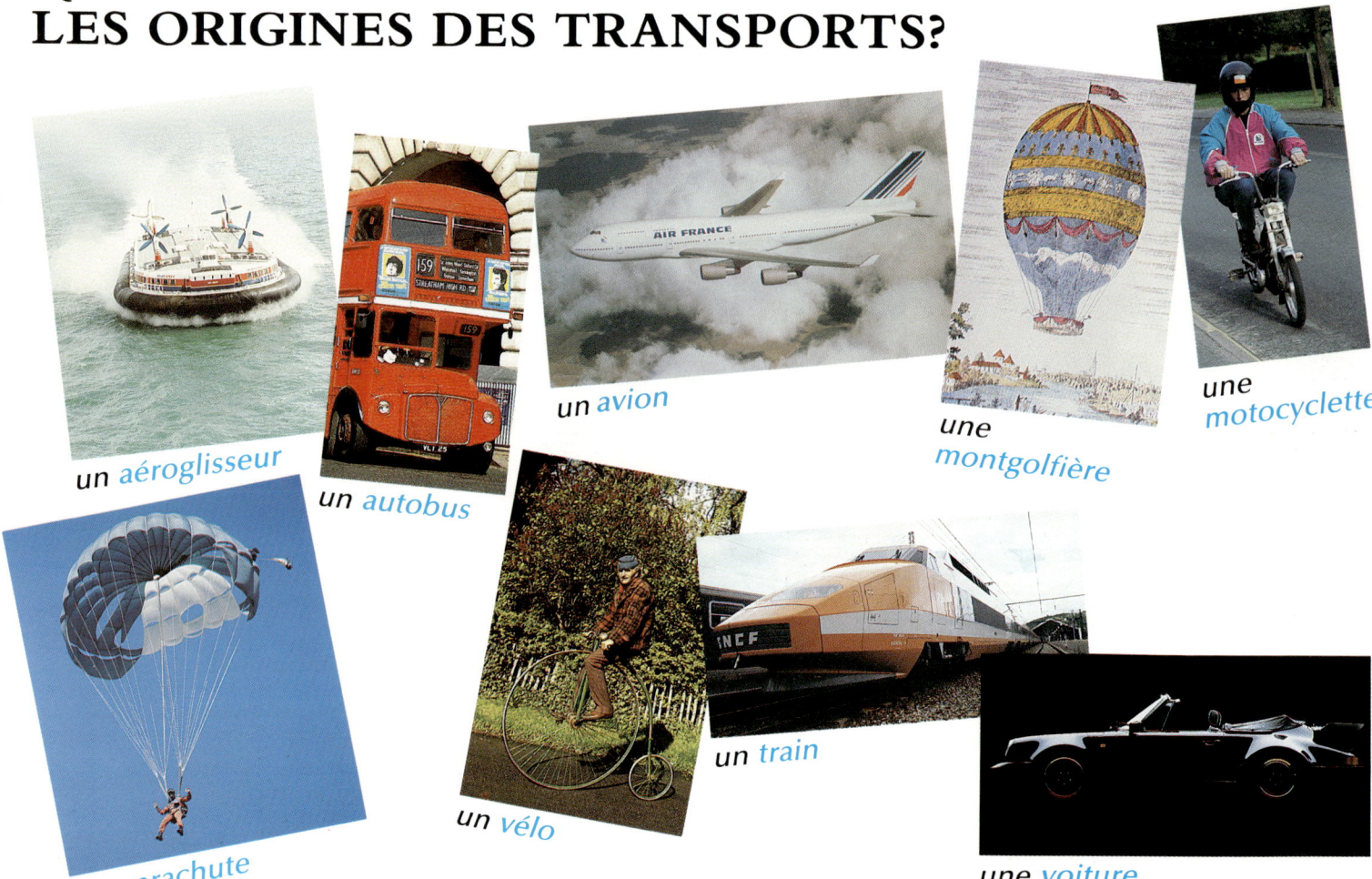

un *aéroglisseur*

un *autobus*

un *avion*

une *montgolfière*

une *motocyclette*

un *parachute*

un *vélo*

un *train*

une *voiture*

Regarde les images de neuf moyens de transport, et les mots en bleu.

Puis, lis les détails de l'invention des neuf moyens de transport, et remplace les **???** avec un des mots en bleu.

Exemple 1 = voiture

1 En 1889, les Allemands Karl Benz, Gottlieb Daimler et Wilhelm Maybach construisent la première vraie **???** moderne.

2 En 1783, les frères français, Etienne et Joseph Montgolfier, donnent une démonstration publique du premier engin qui monte dans le ciel. La **???** reste dix minutes en l'air.

3 Le **???** est l'invention d'un Français, Jacques Garnerin. En 1797 il monte en montgolfière au-dessus de Paris, et à une altitude de 800m il quitte le ballon et descend suspendu au **???**

4 En 1825, un Français, le colonel Stanislas Baudry, a l'idée de mettre en service dans la ville de Nantes des véhicules pour quinze passagers. Il appelle les véhicules 'des omnibus'. Aujourd'hui, ce moyen de transport s'appelle un **???**

5 Le **???** primitif, inventé vers 1790, n'a pas de pédales. C'est un inventeur parisien, Pierre Michaux, qui invente le premier **???** avec pédales en 1861.

6 En 1897, deux journalistes français, Eugène et Michel Werner, montent un petit moteur sur une bicyclette avec succès. Les Werner baptisent la machine «la **???**», qui est toujours le nom français pour les cycles équipés d'un moteur.

7 En 1903 deux Américains, les frères Wilbur et Orville Wright, sont les premiers hommes qui voyagent à bord d'un **???** Orville, le premier, retourne à terre après 12 secondes. Puis, Wilbur reste en l'air 59 secondes.

8 En 1968, l'Anglais Christopher Cockerell invente l'**???** C'est un bateau sur coussin d'air, qui ne touche pas l'eau.

9 L'inventeur britannique Richard Trevithick développe vers 1804 le premier **???**: une locomotive à vapeur qui circule avec des chariots pour voyageurs au pays de Galles.

PHILEAS FOGG EMBARQUE, MAIS IL EST TOUJOURS EN RETARD...

Capitaine, je veux arriver en Angleterre le 21 décembre. Voilà 60 000 dollars. Brûlez le bateau et - allez plus vite!

9

MIDI, LE 21 DÉCEMBRE...

Voilà Liverpool, juste à temps!

Vous allez arriver à Londres à l'heure!

Et maintenant à la gare, vite!

M. FOGG!

10

Je suis inspecteur de police. Je cherche l'homme qui a volé 55 000 livres à la Banque d'Angleterre. J'ai un mandat d'arrestation. Au nom de la reine Victoria, je vous arrête. Vous allez passer la nuit en prison!

MAIS!!... mais il veut arriver au Reform-Club à Londres à 8 heures 45 du soir!

Impossible!

11

LE PAUVRE PHILEAS FOGG VEUT ARRIVER À LONDRES DANS 6 HEURES, MAIS IL EST EN PRISON. LES HEURES PASSENT. SOUDAIN...

12

M. Fogg... pardon... une erreur... le voleur, c'est un autre homme, ce n'est pas vous... allez à Londres... vite...

Oui, je vais à Londres. Mais - un instant, M. Fix!

Aaaïe!!

Bien tapé, monsieur! Vite! À la gare!

13

MAIS M. FOGG EST ARRIVÉ À LONDRES À 8 h. 50 DU SOIR. IL EST RENTRÉ À LA MAISON. IL N'EST PAS ALLÉ AU REFORM-CLUB - C'EST TROP TARD!

Excusez-moi, madame. Je vais dans ma chambre. Je suis ruiné. Bonne nuit!

14

Quel désastre! Le pauvre M. Fogg a voyagé en train, en bateau, en taxi, en éléphant, à cheval et même en traîneau, et il est revenu cinq minutes trop tard! Maintenant, il n'y a pas d'argent dans le sac, et M. Fogg va donner le chèque de 20 000 livres à ses collègues au club!

15

M. FOGG, UN HOMME HONNÊTE, COURAGEUX ET GÉNÉREUX, EST RUINÉ! IL EST RESTÉ UNE NUIT ET UN JOUR DANS SA CHAMBRE. AOUDA ET PASSE-PARTOUT SONT AU DÉSESPOIR. ENFIN, À 7 h. 30 DU SOIR...

J'ai une idée, Passepartout!

16

17

TOC. TOC!

Madame?

18

M. Fogg: voulez-vous de moi pour votre femme?

Aaah!

1 *L'ogre cherche une bonne recette pour «Homme» dans son livre de cuisine!*

2 *Le duc de la Montagne Noire a la plante magique dans son château.*

3 *Tout est bien qui finit bien.*

Feuilleton

La plante magique

◄ **Episode 5: Problèmes … et solutions!**
Le danger dans le pays des Démons est passé mais Morgane et Guillaume sont arrivés dans le pays des Ogres.

Jeu

Le génie certifié!

C'est vrai ou c'est faux? Voilà 20 questions posées par Caroline Roland et Jean-Pierre Dubois. Ecoute les 20 questions et puis les 20 réponses. Si tu as 15 bonnes réponses sur 20, tu es un génie certifié de *RadioActive!*

Série
Les Ados

5e épisode: Dédé cherche
une nouvelle voiture

1 *Jojo offre 200F pour la vieille voiture de Dédé.*

2 *Dédé cherche une voiture plus belle et plus moderne.*

ICI PARIS
TELE CONTACT

TU ARRIVES À QUELLE HEURE?

Sirine est arrivée en retard à la Gare St-Lazare.
Et ses camarades de classe?
Ils arrivent à l'heure au collège?
On va voir …

Tu arrives à quelle heure au collège?

Cinq minutes avant les cours.

Qui arrive 10 minutes avant les cours, à pied?
Qui arrive vers 8h.15, 8h.20? Et comment?
Qui arrive entre 8h.20 et 8h.30? Et comment?

▶ Et toi, tu arrives à quelle heure au collège?
Et tu viens comment?

LA COURSE DE L'ARCHE DE LA DEFENSE AU COLLEGE

Voici Alexandre, Gabrielle, Fabienne et Jérôme devant l'Arche de la Défense.

▶ Qui dit …?
«J'ai des patins à roulettes.»
«Je fais la course à vélo.»
«Je prends le bus.»
«Moi je prends le métro.»

▶ Pourquoi?
«Ça va beaucoup plus vite que les patins à roulettes.»
«C'est largement plus économique.»
«C'est mon sport préféré.»
«C'est plus rapide que le bus ou le métro.»
«C'est très rapide, c'est très économique.»
«En plus je fais du sport.»
«Je préfère le grand air.»
«On peut voir la tour Eiffel et la Seine.»

▶ Qui est arrivé le premier?

Maxime Jétout
Il est riche mais il n'est pas populaire.

Maxime voudrait partir en week-end avec son cousin Bernard. Mais comment voyager?
Maxime est riche et snob.
Bernard n'a pas beaucoup d'argent et il aime l'écologie.

Complète la conversation de Maxime et Bernard avec les mots en cases. (Beaucoup de bonnes réponses sont possibles).

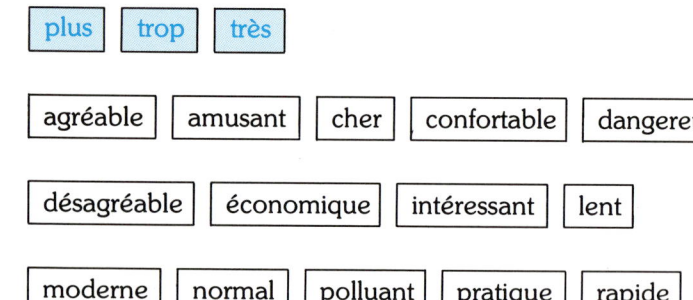

plus	trop	très

agréable	amusant	cher	confortable	dangereux

désagréable	économique	intéressant	lent

moderne	normal	polluant	pratique	rapide

sportif	tranquille	vert (= écologique)

Exemple

ET PUIS ...

Qu'est-ce que Bernard répond? Continue la conversation. On propose aller **en train, en hélicoptère, en avion,** et **à pied**.

A la fin ...

ET TOI ...

Toi et ton/ta partenaire, comment aimez-vous voyager? Pourquoi?
Comment n'aimez-vous pas voyager? Pourquoi?

Illusions d'optique

Une illusion d'optique, c'est une erreur de l'imagination.
Par exemple, au cinéma, on regarde une succession rapide d'images fixes, mais on a une impression de mouvement.

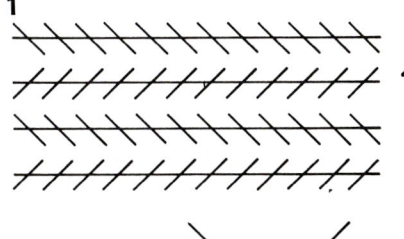
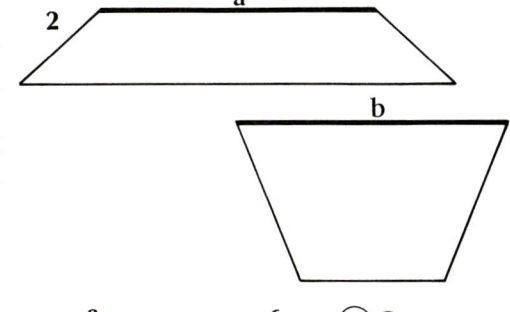
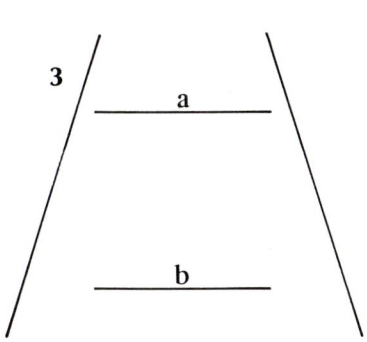
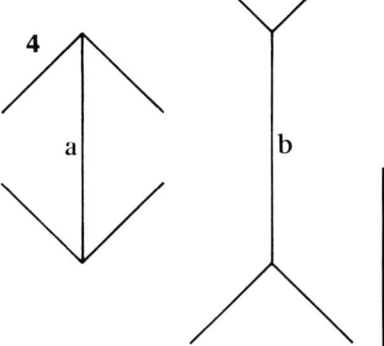
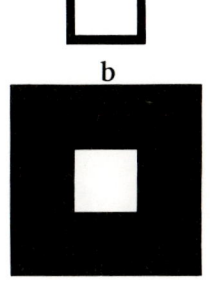
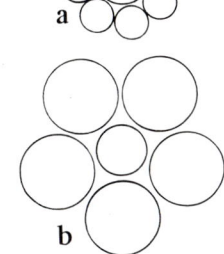

Regarde les figures 1 à 6.

1 Les lignes longues sont parallèles. Oui? Non?
2 La ligne **a** est plus longue que **b**. Oui? Non?
3 La ligne **a** est plus longue que **b**. Oui? Non?
4 La ligne **a** est plus courte que **b**. Oui? Non?
5 Le carré blanc **a** est plus grand que **b**. Oui? Non?
6 Le cercle au centre **a** est plus petit que **b**. Oui? Non?

Mécanique de la langue française 5

1 Moyens de transport

On voyage . . .
en aéroglisseur
en avion
en bateau
en bus (en autobus)
en camionnette
en car
en hélicoptère
en métro
en (ou **à**) moto (motocyclette)
en taxi
en train
en voiture
à cheval
à pied
à vélo
à vélomoteur

2 En avance ... en retard

en avance

à l'heure

en retard

Elle est arrivée **de bonne heure**.

Il arrive **juste à temps**.

Il arrive **trop tard**.

A la mode

100 ans de vêtements de sport

Les années 1890 à 1920

Les vêtements de sport des années 1890 à 1920 sont chauds et lourds. Le mouvement est difficile. On porte d'habitude un chapeau et une veste, avec une robe longue ou une jupe longue pour les femmes, ou un pantalon pour les hommes.

1 Pour les matchs de football en 1900, on porte un *pantalon* et des *chaussures* lourdes.

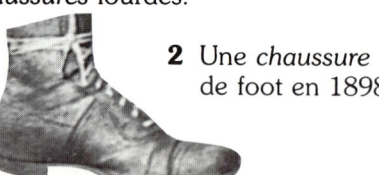

2 Une *chaussure* de foot en 1898.

3 Le tir à l'arc en 1895, en *robe* longue et large, et en grand *chapeau*.

4 Pour faire du tennis en 1890, une joueuse porte un *chapeau* et une *veste* serrée.

5 Le hockey en 1911. La *jupe* longue, la *cravate* et le *chemisier* ne sont pas très pratiques!

Un costume traditionnel

Le costume de cricket en 1890 n'est pas très différent du costume moderne. Aujourd'hui un joueur de cricket porte un *pantalon* en flanelle, une *chemise* en coton, une *casquette*, un *pull* blanc en laine décoré avec les couleurs du club, et des *gants* pour le batteur.

6 W. G. Grace en 1890. Il porte un *pantalon* blanc, ▶ une *chemise* blanche, une *casquette* et des *gants*.

7 Viv Richards en 1988.

Les années 1920 à 1950

Les vêtements de sports sont plus légers et plus pratiques. On invente le *maillot de bain*. La *culotte* est populaire pour hommes et femmes.

8 Suzanne Lenglen aux Jeux Olympiques en 1920. Elle porte une *jupe* plus courte, un *chemisier* plus petit, et des *chaussettes*.

9 Un match de football en 1951. La *culotte* est longue et large.

10 Un maillot de bain pour hommes en une pièce en 1930.

Les années 1990

Aujourd'hui les vêtements de sport sont plus confortables. Ils sont souvent en fibres synthétiques.*

*synthétiques = *artificielles*

On porte en général un petit *short* léger, mais pour certains sports on préfère un *pantalon* ou une *jupe*. Pour d'autres sports, il y a un vêtement spécial.

11 Le championnat du monde en 1990. On porte une *chemise* en fibre synthétique, des *chaussettes* en nylon, et un *short*.

12 Une *chaussure* de foot moderne. Elle est légère et souple, en cuir et en plastique.

13 Pour faire du judo, on porte une *veste* spéciale en toile, et une *ceinture* de couleur.

Tu es un bon observateur?

Ecris les numéros de toutes les images où il y a …

a Un chapeau ou une casquette.
b Une culotte ou un short.
c Une robe ou une jupe.
d Des chaussures de foot.
e Des gants.
f Une chemise ou un chemisier.
g Une cravate.

Tu as 26 numéros au total? Alors, tu es un bon observateur!

Que sais-tu sur les sports?

a Pour quels sports est-ce qu'on porte un pantalon d'habitude?

b Pour quels sports est-ce qu'on porte souvent une jupe?

c Pour quels sports est-ce qu'on porte un vêtement spécial ou traditionnel?

d De quelle couleur sont les ceintures de judo?

Tu aimes dessiner?
Oui? Voici une série
pour toi.

NUMERO 1 Pour dessiner la mode
La personne

Pour dessiner la mode (les vêtements) il y a une chose très importante – regarde bien la personne qui est *sous* les vêtements!

Les couleurs

Les plis

Regarde bien les *plis* du blouson et du sweatshirt. C'est un détail qui donne forme aux vêtements.

Examine les couleurs dans l'image. Regarde le jogging du garçon, par exemple. Il est marron *clair* du côté de la lumière, et marron *foncé* à droite.

Et les baskets: ils sont vraiment blancs?

Regarde aussi le T-shirt de la fille. Il est jaune *pâle* à gauche, et jaune *foncé* à droite. Le jean de la fille est bleu, mais il y a des bleus différents.

Les crayons de couleur sont très bons pour les dessins de mode.

Le détail est important!

Regarde bien les détails du jean, de la ceinture, du sweatshirt, et des baskets.

DEUX CONCOURS DE DESSIN!

Concours numéro 1

Dessine un garçon ou une fille

Le garçon porte un jean marron serré, une chemise en coton bleu et un blouson en cuir noir. Il porte des chaussettes jaunes et des baskets blancs et bleus.

La fille porte une jupe jaune, un chemisier en coton orange, une ceinture noire et des chaussures noires.

Concours numéro 2

Mes vêtements préférés

Dessine un garçon ou une fille qui porte tes vêtements préférés.

Ecris le noms des vêtements.

Exemple

ma casquette

mon jogging

mes baskets

JEAN ET SIRINE AU FORUM DES HALLES

Sirine a acheté des vêtements à *Naf Naf* au Forum des Halles, un centre commercial à Paris.

Naf Naf est un magasin très populaire. Ici Sirine porte une veste et une culotte marquées «Naf Naf». En anglais, «naff» signifie «moche».

▶ Vous trouvez que la veste est moche? Et comment trouvez-vous la culotte?

Jean a acheté quelque chose à *Danhilo*, un autre magasin de vêtements au Forum des Halles.

▶ Il a quoi dans le sac?

J'ai aussi acheté ce T-shirt. Pas mal, hein?

Mmm, une voiture! C'est amusant!

Ouais ... Et toi, qu'est-ce que t'as acheté?

▶ Qu'est-ce qu'elle a acheté, Sirine?

LES PROFESSIONS 1

Brigitte – journaliste

1

MOI, JE SUIS JOURNALISTE. AUJOURD'HUI J'ÉCRIS UN ARTICLE SUR LES VÊTEMENTS. J'ADORE LES VÊTEMENTS. C'EST MA VIE ET MA PASSION !

2

UN BLOUSON EN **DENIM**. J'ADORE CE DENIM PUR **COTON**.

ET UN CHEMISIER EN **POLYESTER**. JE DÉTESTE LES FIBRES SYNTHÉTIQUES, C'EST INFECT !

VOICI UN PULL EN **JERSEY** PURE **LAINE** ! J'ADORE LA LAINE. JE TROUVE ÇA DÉLICIEUX.

AH, MAIS REGARDEZ CE PANTALON EN **NYLON**--- HORRIBLE !

UNE JUPE EN **VELOURS** ? HUNN... C'EST PAS MAL.

J'AIME LES CHEMISIERS EN **SATIN** AUSSI.

OOOH, VOICI UNE ROBE EN **SOIE** !...LA SOIE, C'EST UN TISSU QUE J'ADORE, MAIS C'EST TRÈS CHER.

3

AH, DES CHAPEAUX EN **FEUTRE** ! J'AIME BEAUCOUP LE FEUTRE ! C'EST VRAIMENT BON !

OUI, JE M'APPELLE "BRIGITTE LA MITE", ET J'ÉCRIS UN ARTICLE SUR LES TISSUS, QUE J'AIME MANGER ! J'ADORE LA **KÉRATINE**, C'EST UNE SUBSTANCE DÉLICIEUSE ! IL Y A DE LA KÉRATINE DANS LA LAINE ET DANS LA SOIE.

5

MANGE BEAUCOUP DE KÉRATINE, BRIGITTE ! ÇA FAIT DU BIEN À UNE JEUNE MITE !

OUI, MAMAN !

4

6

IL Y A DE LA KÉRATINE DANS LES CHEVEUX DES ANIMAUX AUSSI. MAIS PERSONNELLEMENT JE N'AIME PAS CE "FAST-FOOD" !

- B. du PELOUX 91 -

MICRO MOBILE

Dans un grand magasin

Jean-Pierre Dubois, avec le Micro Mobile, parle avec Louis Legrand, le speaker qui fait des annonces dans un grand magasin de luxe.

Pendant la visite de Jean-Pierre, le directeur du magasin traite Louis Legrand d'imbécile. Louis est furieux. Vengeance! Il invente des offres spéciales pour les articles A à H dans le catalogue du magasin!

- Les huit vêtements sont en quel tissu?
- Quel est le prix normal?
- Quel est le prix spécial de Louis Legrand?

A **La chemise ample**
EQUIPMENT en popelin pur coton. Poche poitrine. Boutons en nacre.
blanc
noir

B **Le perfecto de SCHOTT**
En beau cuir souple, doublé et matelassé. Zippé et pressionné.

C **Le pull AMERICINO**
Jacquard pure laine. Emmanchures raglan.

D **La cravate**
100% soie motif cachemire sur fond vert et bordeaux.

E **Un velours à pinces très agréable à porter**
80% coton, 13% polyester. Une forme très sympa avec des doubles plis pour l'ampleur, de gros passants pour la ceinture. Deux poches coutures et une poche dos.
kaki
beige
marron

F **Indispensables!**
Les baskets, dessus toile noire. Doublées toile. Semelle intérieure toile sur mousse. Semelle extérieure et bout avant en caoutchouc.
noir

G **Un look simple!**
Un T-shirt en jersey lourd 100% coton. Col cheminée. Broderie sur poitrine.
vert
bordeaux
marine

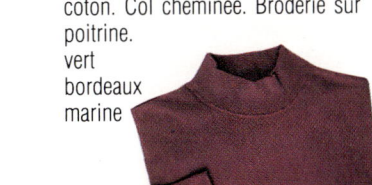

H **Le jean pour toujours!**
Coupe classique: cinq poches et braguette zippée. En denim. Deux poches Western et une poche ticket devant. Deux poches dos.
bleu stone
noir

Feuilleton

Les Ados

6ᵉ épisode: Dédé achète des vêtements

1 *Dédé voudrait acheter des vêtements. Rosie choisit des vêtements de star!*

2 *Dédé va montrer ses nouveaux vêtements à sa sœur et sa copine.*

Reportage

Juniorscopie

Caroline Roland pose à des jeunes gens la question «Qu' est-ce que tu aimes porter le week-end?»

Je fais beaucoup de sport le week-end.

LIONEL

Le week-end, je vais en ville d'habitude.

SERGE

Vous trouvez que ma chemise noire est originale?

Le week-end j'aime porter mon jogging vert. Je trouve qu'il est assez sportif.

Je trouve qu'un pantalon est plus élégant qu'un jean.

Je trouve que mon blouson est génial – il est réversible!

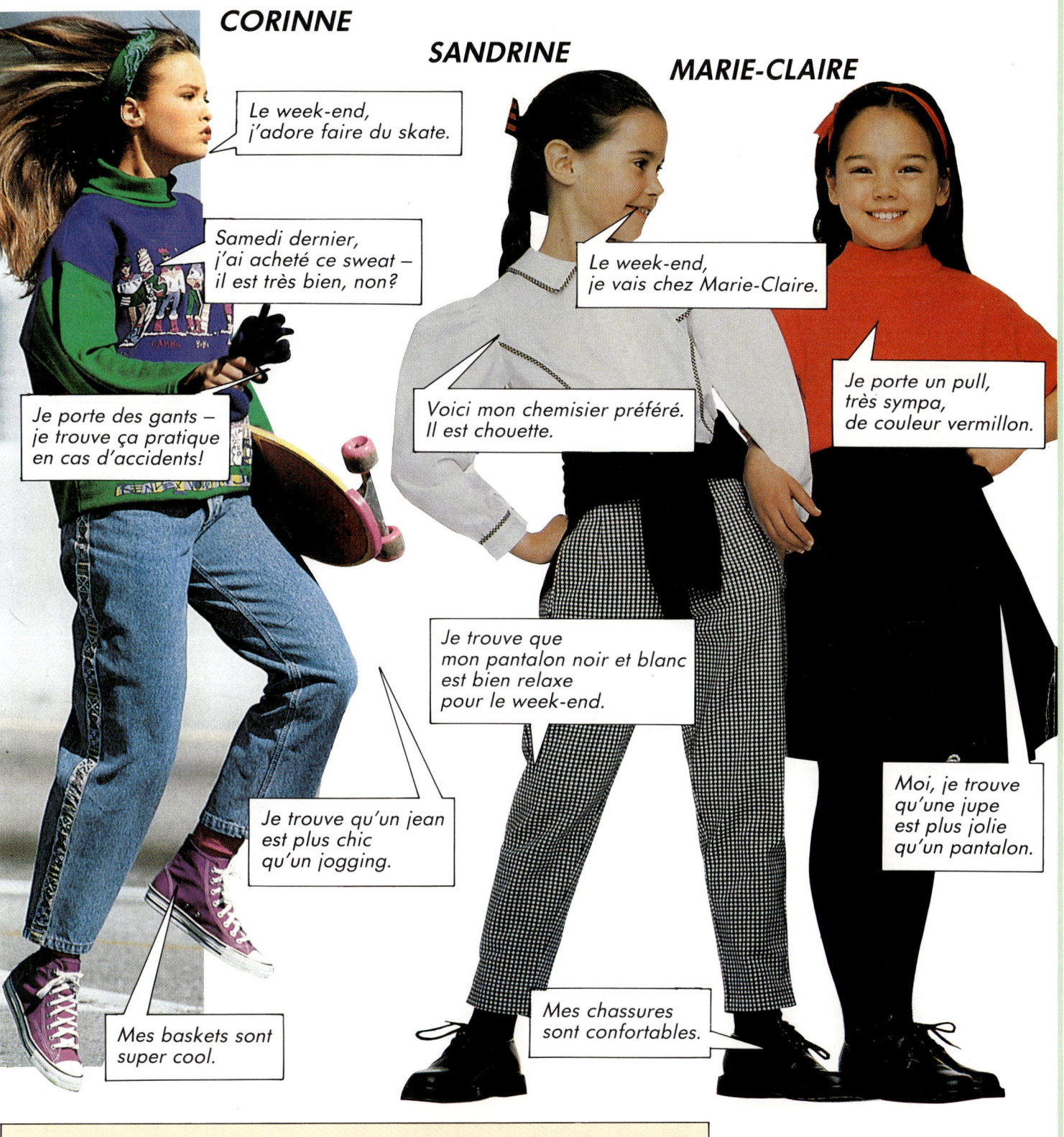

CORINNE

SANDRINE

MARIE-CLAIRE

Le week-end, j'adore faire du skate.

Samedi dernier, j'ai acheté ce sweat – il est très bien, non?

Je porte des gants – je trouve ça pratique en cas d'accidents!

Le week-end, je vais chez Marie-Claire.

Voici mon chemisier préféré. Il est chouette.

Je porte un pull, très sympa, de couleur vermillon.

Je trouve que mon pantalon noir et blanc est bien relaxe pour le week-end.

Je trouve qu'un jean est plus chic qu'un jogging.

Moi, je trouve qu'une jupe est plus jolie qu'un pantalon.

Mes baskets sont super cool.

Mes chaussures sont confortables.

Ces photos et ces opinions datent de 1990. Vous trouvez que, pour la mode d'aujourd'hui, les vêtements sont vieux jeu?

Regardez chaque vêtement. Il est trop court ou trop long? Trop serré ou trop large? Moderne ou vieux jeu? Super ou moche? Joli ou laid?

Est-ce que tu portes des vêtements comme ça aujourd'hui?

1 Des vêtements

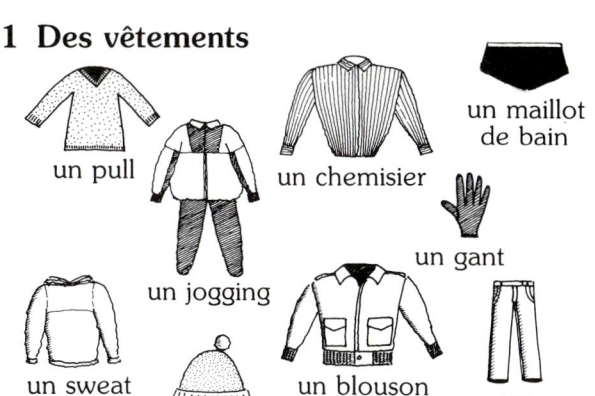

un pull
un jogging
un sweat
un chapeau
un chemisier
un gant
un blouson
un pantalon
un maillot de bain

une ceinture
une casquette
une chaussure
une robe
une cravate
une veste
une jupe
une chaussette

un mon ton	jean sweat(shirt) short
une ma ta	robe cravate culotte
des mes tes	baskets chaussettes sous-vêtements

2 Des descriptions

une chemise blanche

un pantalon blanc

UN	UNE
noir	noire
bleu	bleue
vert	verte
gris	grise
blanc	blanche
violet	violette

3 Des opinions

Très cool!

comment vous trouvez mon 'look'?

Assez original!

Trop moche!

Je trouve ça . . .

beau	formidable	moche
bien	génial	moderne
cher	horrible	pratique
chic	intéressant	relaxe
chouette	joli	ridicule
confortable	laid	serré
cool	large	sportif
court	léger	super
économique	long	sympa
élégant	lourd	vieux jeu

4 Acheter

LA SWEATERIE

QUAND J'AI DE L'ARGENT, J'ACHÈTE DES VÊTEMENTS À LA SWEATERIE. SAMEDI DERNIER, J'AI ACHETÉ UNE ROBE FORMIDABLE! JE VOUDRAIS ACHETER UNE NOUVELLE JUPE AUSSI.

En général	J'achète . . .
Au passé	J'ai acheté . . .
Au futur	Je vais acheter . . . Je voudrais acheter . . .

A chacun son «look»!

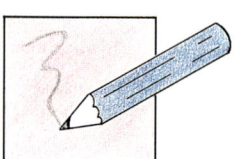

NUMERO 2 Pour dessiner la tête

Les proportions

Quand tu dessines une tête humaine, il est très important de bien respecter les proportions.

1 La distance entre le haut de la tête et les yeux (x) est égale à la distance entre les yeux et le menton (y).

2 La distance entre les yeux et le nez est très importante.

3 Observe aussi la distance entre le nez et la bouche.

4 Attention! Ne dessine pas un nez trop long. C'est plus facile quand le sujet porte des lunettes.

Observe avec attention

5 Fais très attention aux yeux. Ne dessine pas trop le blanc des yeux. D'habitude, on ne remarque pas beaucoup le blanc quand on regarde quelqu'un.

6 La lèvre supérieure est plus sombre que la lèvre inférieure. (Regarde la bouche de ton copain ou de ta copine.)

Les lignes

7 Utilise un crayon mou – 3B ou 4B – et ne trace pas de lignes dures.

8 Le menton est très important. Pas de lignes dures ici, non plus!

9 Dessine les cheveux avec un crayon très mou aussi. Ne dessine pas les cheveux trop noirs: les cheveux

«noirs» sont faits de beaucoup de couleurs différentes.

Regarde ton dessin dans un miroir: les erreurs de proportion sont plus visibles dans un miroir.

CONCOURS DE DESSIN!

Concours numéro 3

Dessine la tête d'une fille ou d'un garçon

Dessine une fille
Elle a environ 13 ans.
Elle a les cheveux assez longs, marron, et un peu frisés.
Elle a les yeux marron. Elle a un petit nez, mais une bouche assez grande.

Dessine un garçon
Il a environ 14 ans.
Il a les cheveux blonds, assez longs pour un garçon. Il a les yeux bleus, et il porte des lunettes. Il a un nez assez long.

DOSSIER DESSIN DOSSIER DESSIN DOSSIER DESSIN DOSSIER DESSIN DOSSIER DESSIN DOSSIER DESSIN DOSSIER DESSIN DOSSIER DESSIN DOSSIER DESSIN

DEVINE QUI?

Albert

Bernard

Colin

Daniel

Édouard

Frédéric

Gaston

Henri

Jacques

Luc

Marcel

Norbert

Olivier

Pascal

Robert

Stéphane

Thomas

Ulysse

Victor

Xavier

Un jeu pour deux joueurs, ou deux équipes, «A» et «B».
«A» choisit un homme, en secret. «B» choisit un homme
en secret aussi.
«A» pose une question. «B» répond par 'Oui' ou par 'Non'.
«B» pose une question, et «A» répond par 'Oui' ou par
'Non'. Qui va trouver le premier l'homme de l'autre?

Exemple

«A» pose une question:
A: Il a un chapeau?
B: Non!
(Ah! L'homme de B ne porte pas de chapeau!)

«B» pose une question:
B: Il a les cheveux blonds?
A: Oui!
(Ah! L'homme d'«A» a les cheveux blonds!)

Des questions

Il a	une grande une petite	bouche? moustache? barbe?
	un grand un petit	chapeau? nez?
	les cheveux	longs? courts? lisses? frisés? blonds? noirs? gris? roux? marron?
	les yeux	bleus? noirs? gris? verts? marron?

LES TROIS TYPES

Voici un nouveau groupe de rock fantastique — les Trois Types.

Dans le groupe il y a un guitariste, un joueur de saxophone et un joueur de synthétiseur.

Un Type compose les chansons, un autre Type chante les chansons, et un troisième Type est un excellent danseur.

Julien, 19 ans.   Michel, 18 ans.   Christian, 17 ans.

Les questions des fans

1 Comment s'appelle le guitariste?
2 Qui compose les chansons?
3 Qui est le danseur?

4 Quel Type joue du synthé?
5 Comment s'appelle le chanteur?

6 Qui joue du saxophone?

Les réponses d'Etoiles

Le guitariste est plus jeune que le danseur, mais il est plus âgé que le compositeur.

Le joueur de synthé est plus grand que Julien, mais il est plus petit que le chanteur.

Le joueur de saxophone est plus gros que Michel, mais il est plus mince que le Type qui écrit les chansons.

Joue à «Devine qui?» (page 65) avec des personnages d'*Ici Paris*!

1 Jean (le présentateur)

2 Sirine (la présentatrice)

3 Alexandre (Programme 2)

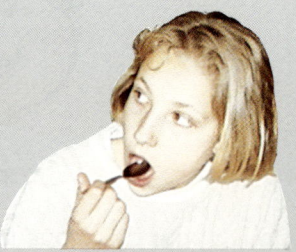
4 Jane (Programme 2)

5 Michelle (Programme 2)

6 Remisedeprix le Gaulois (Programme 5)

7 Napoléon (tous les programmes)

8 Astérix (Programme 5)

Actualités

Informations locales

Encore un hold-up de banque!

La police recherche les gangsters, auteurs de six hold-up de banques de la région.

Voilà les dessins de cinq couples suspects.

Quel est le numéro du dessin des gangsters? Quels sont les détails qui prouvent que les quatre autres couples sont innocents?

Problème à l'hôpital

Une infirmière japonaise a écrit les étiquettes de deux bébés en caractères japonais.
Maintenant, il est impossible d'identifier les deux nouveaux-nés!

La famille Sartre veut rentrer à la maison avec le petit Charles.

La famille Descartes aussi est furieuse. M. Descartes demande son petit fils Henri.

Ecoute les descriptions de Charles Sartre et d'Henri Descartes, et dessine les portraits des deux bébés.

Feuilleton
Les Ados

7ᵉ épisode:
La fête de la
Saint-Valentin

1 *Guy et Grégoire parlent ensemble – c'est bizarre, ça!*

2 *Grégoire demande «Qu'est-ce qu'elles font, les filles?»*

A chacun son look

Ton look est un message qui parle de toi, qui représente ta personnalité.
Tu choisis les vêtements, la coiffure* et les produits cosmétiques qui sont en harmonie avec toi.

la coiffure* = l'arrangement des cheveux

Quelle est ton opinion sur ces quatre «looks»?

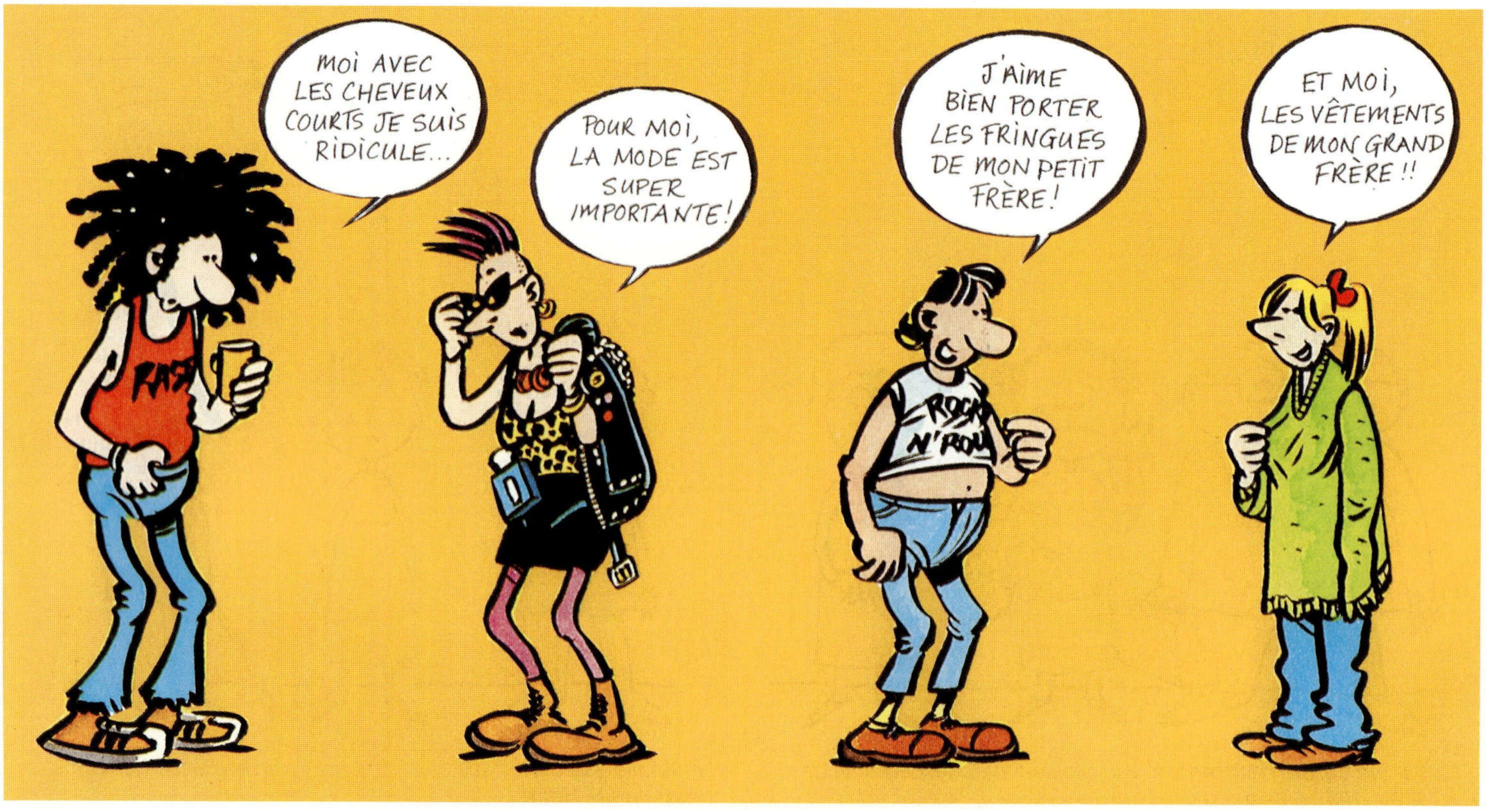

1 Comment trouves-tu ses cheveux?

2 Comment trouves-tu sa jupe? Son chemisier? Son blouson?

3 Comment trouves-tu son T-shirt? Son jean?

4 Comment trouves-tu son pull? Son pantalon?

Un détective est surtout un bon observateur. Il utilise son nez, ses yeux et son intelligence. Il utilise aussi sa mémoire. Par exemple...

Samedi dernier mon ami Jules est venu chez moi. Il est riche, Jules, mais ni intelligent ni observateur!

Ecoutez, mon ami, j'ai acheté deux portraits.

Ah bon?

Oui j'ai acheté la « Joconde » de Léonard da Vinci et un autoportrait de Vincent Van Gogh.

La « Joconde » de Léonard da Vinci!

Et un autoportrait de Van Gogh!

Dimanche matin, je suis allé chez Jules et j'ai regardé les deux peintures.

Mais Jules! Les deux portraits sont faux! Regarde bien la « Joconde », et Van Gogh aussi. Il y a quatre erreurs sur chaque peinture!

Quelles sont les quatre erreurs sur la copie de la Joconde?
Et sur l'image de Vincent van Gogh?

Sylvie et Paul vont à la discothèque.

LA BANDE DES BONS COPAINS, MARYLÈNE, SYLVIE, ROBERT ET LES AUTRES, HABITE DANS UN PETIT VILLAGE, À LA CAMPAGNE.

ENTRE, SYLVIE. ÉCOUTE! PAUL DUPONT VA ALLER À LA DISCOTHÈQUE, CE SOIR!

PAUL DUPONT? MAIS IL EST PARTI! IL EST ALLÉ HABITER EN VILLE L'ANNÉE DERNIÈRE!

OUI, MAIS IL EST REVENU AU VILLAGE, CHEZ MON PETIT AMI, ROBERT. ILS VONT À LA DISCOTHÈQUE ENSEMBLE, ROBERT ET PAUL.

SUPER, MARYLÈNE! J'AIME BIEN PAUL!

EUH... TU SAIS, SYLVIE, LES FILLES DE LA VILLE...

OUI?

ELLES SONT PLUS... EUH... SOPHISTIQUÉES QUE TOI! LES GARÇONS PRÉFÈRENT LES FILLES SOPHISTIQUÉES.

CACHE TES BASKETS DANS TON SAC, ET METS LES CHAUSSURES DE MA SŒUR.

ET TA COIFFURE! TES CHEVEUX SONT TROP ORDINAIRES!

OUILLE! LES CHAUSSURES SONT TROP PETITES!

ÇA VA, SYLVIE. TU ES PLUS COOL, MAINTENANT.

ÉCOUTE, PAUL... SYLVIE VA VENIR À LA DISCOTHÈQUE AVEC MARYLÈNE. ELLES VONT ARRIVER VERS HUIT HEURES.

AH! BON! ELLE EST BIEN, SYLVIE!

OUI... MAIS TU AS PASSÉ UN AN EN VILLE, ET TU N'AS PAS ACHETÉ DE VÊTEMENTS À LA MODE! SYLVIE VA TE TROUVER HYPER MOCHE!

TIENS, PRENDS LA VESTE DE MON FRÈRE. ELLE EST PLUS DISTINGUÉE QUE TON VIEUX BLOUSON.

ELLE EST UN PEU GRANDE, NON?

MAIS NON!

Page d'écriture
un poème de Jacques Prévert

1 Deux et deux quatre
quatre et quatre huit
huit et huit font seize...

Répétez!

dit le maître

2 Deux et deux quatre
quatre et quatre huit
huit et huit font seize.

3 Mais voilà l'oiseau-lyre
qui passe dans le ciel
l'enfant le voit
l'enfant l'entend

l'enfant l'appelle:

Sauve-moi
joue avec moi
oiseau!

4 Alors l'oiseau descend
et joue avec l'enfant

Deux et deux quatre...

5 Répétez!

dit le maître

et l'enfant joue
l'oiseau joue avec lui...

6 Quatre et quatre huit
huit et huit font seize

et seize et seize
qu'est-ce qu'ils font?

7 Ils ne font rien* seize et seize
et ils s'en vont.*

16 + 16 = 0

Et l'enfant a caché l'oiseau
dans son pupitre

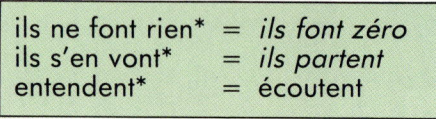

8 et tous les enfants
entendent* sa chanson
et tous les enfants
entendent la musique.

9 Et l'oiseau-lyre joue
et l'enfant chante
et le professeur crie:

Quand vous aurez
fini de faire le pitre!

Mais tous les
autres enfants
écoutent la musique

10 et les murs
de la classe
s'écroulent
tranquillement

ils ne font rien* = ils font zéro
ils s'en vont* = ils partent
entendent* = écoutent

de *Paroles* par Jacques Prévert © Editions Gallimard

1 Les cheveux et les yeux

J'ai les cheveux longs, blonds et lisses. J'ai les yeux bleus.

J'ai les cheveux courts, noirs et frisés. J'ai les yeux marron.

J'ai Tu as ... a ... ont	les cheveux	très assez	longs. lisses. courts. frisés.
			blonds. noirs. marron. roux.
	les yeux		gris. bleus. verts. marron. noirs.

2 Combien tu mesures? Des comparaisons

Je mesure 1 mètre 90. Je suis très grand.

Je suis assez grande

Je suis ni grande ni petite.

Je suis assez petit.

Et moi, je suis tout petit.

Il est **plus** petit **que ses** parents, **sa** sœur, et **son** frère.

Je suis Tu es ... est ... sont	plus	grand(e) petit(e) etc.	que	toi. moi. son père. etc.

UN	UNE	DES
mon	ma	mes
ton	ta	tes
son	sa	ses

3 Ils, elles

Ils ont 14 ans environ.

Elles vont à la discothèque.

ils/elles ... -nt		
Ils		s**ont** jeunes. **ont** 14 ans environ. v**ont** à la discothèque. f**ont** du sport. s'appell**ent** ...
Elles		

73

Dans le coin

- *Comment tu trouves ta ville ou ton village?*
- *Tu aimes, ou tu détestes?*

LES PROFESSIONS 3

L'urbaniste

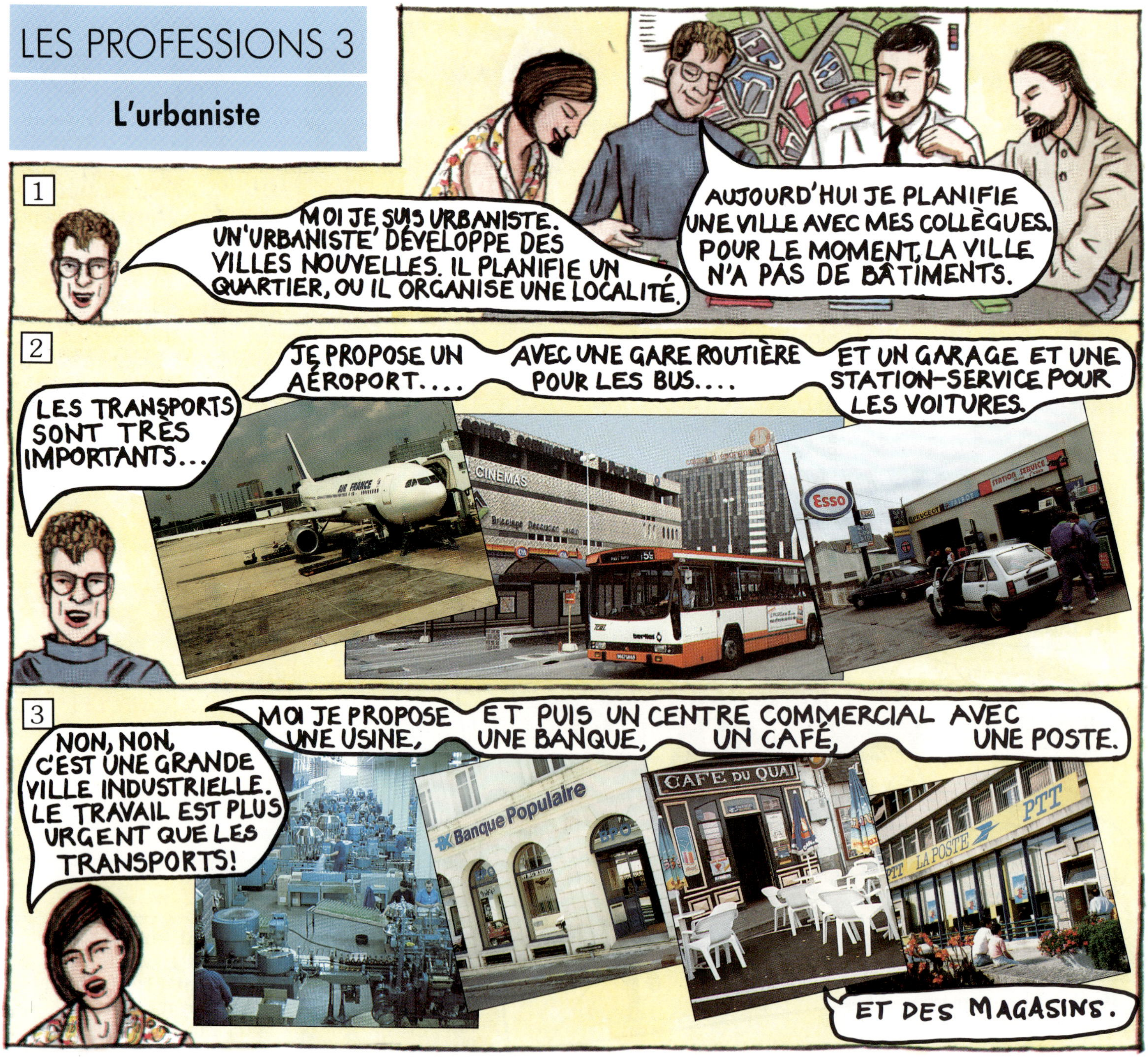

1 MOI JE SUIS URBANISTE. UN 'URBANISTE' DÉVELOPPE DES VILLES NOUVELLES. IL PLANIFIE UN QUARTIER, OU IL ORGANISE UNE LOCALITÉ.

AUJOURD'HUI JE PLANIFIE UNE VILLE AVEC MES COLLÈGUES. POUR LE MOMENT, LA VILLE N'A PAS DE BÂTIMENTS.

2 LES TRANSPORTS SONT TRÈS IMPORTANTS...

JE PROPOSE UN AÉROPORT....

AVEC UNE GARE ROUTIÈRE POUR LES BUS....

ET UN GARAGE ET UNE STATION-SERVICE POUR LES VOITURES.

3 NON, NON, C'EST UNE GRANDE VILLE INDUSTRIELLE. LE TRAVAIL EST PLUS URGENT QUE LES TRANSPORTS!

MOI JE PROPOSE UNE USINE,

ET PUIS UN CENTRE COMMERCIAL AVEC UNE BANQUE, UN CAFÉ, UNE POSTE.

ET DES MAGASINS.

ICI PARIS
TELE CONTACT

PARIS ET CRETEIL

Jean est sur l'Arche de la Défense.

Moi, j'habite au nord de Paris, là-bas. J'aime beaucoup mon quartier.

▶ Qu'est-ce qu'il y a dans le quartier de Jean?
Et toi, tu aimes ton quartier?

Sirine est à Créteil.

Moi, j'habite en banlieue, à Créteil.

▶ Qu'est-ce qu'il y a à Créteil?
Et qu'est-ce qu'il y a près de chez toi?

A BELLEVILLE

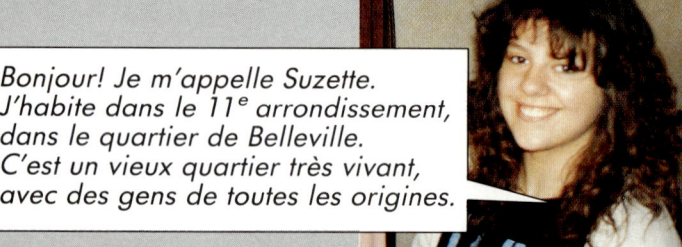

Bonjour! Je m'appelle Suzette. J'habite dans le 11ᵉ arrondissement, dans le quartier de Belleville. C'est un vieux quartier très vivant, avec des gens de toutes les origines.

▶ Et toi, tu habites dans un vieux quartier vivant?
Comment est ton quartier, ou ton village?

▶ Regardez le film sur Belleville. Comment trouvez-vous le quartier?

TU AIMES VIVRE EN VILLE OU A LA CAMPAGNE?

Je préfère vivre en ville.

Je préfère habiter à la campagne.

Regardez les interviews avec Alice, Julia, Philippe, Patricia, Constance et Sabrina.

▶ Qui aime vivre à la campagne?
«Je préfère vivre à la campagne … Il y a beaucoup plus de nature.»
«Je préfère habiter à la campagne … C'est plus calme … C'est agréable.»
«J'aime beaucoup … un petit village … Il n'y a pas beaucoup de voitures.»
«Je préfère vivre à la campagne … En ville il y a beaucoup de bruit.»

▶ Qui aime vivre en ville?
«Je préfère vivre en ville … Il y a plus de possibilités.»

▶ Qui aime les deux?
«En ville, c'est bien … Mais la campagne, c'est calme … C'est beau.»

▶ Et toi? Tu préfères vivre où?

NOISY-SUR-OISE

Nathalie habite un petit village, Noisy-sur-Oise.

Je n'aime pas beaucoup habiter là-bas.

▶ Pourquoi?
Qu'est-ce qu'il n'y a pas à Noisy?
Qu'est-ce qu'il y a?

Je préfère habiter la ville.

▶ Pourquoi?
Qu'est-ce qu'il y a en ville

Ta ville à toi

Sondage

Où habites-tu?
Tu habites dans une ville, ou près d'une ville?
Comment s'appelle la ville? 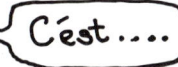 *J'habite...*

Elle est comment, ta ville?
C'est une grande ville?
      une petite ville?
      une ville moyenne (ni grande ni petite)?

C'est une ville industrielle?
      importante?
      historique?
      moderne?
      nouvelle?
      touristique? *C'est....*

Qu'est-ce qu'il y a comme bâtiments importants dans ta ville?
Il y a un aéroport?
      une gare routière?
      un garage?
      une station-service?

Il y a une usine?
      un centre commercial?
      une banque?
      un café?
      une poste?
      des magasins?

Il y a une université?
      une cathédrale?
      un hôpital?

il y a....

Au centre-ville, il y a une mairie?
      un commissariat?
      un syndicat d'initiative?
      un hôtel?

Qu'est-ce qu'il y a comme monuments historiques?

Où es-tu allé en ville?
Tu es déjà allé dans une usine?
      dans une banque?
      dans une université?
      dans une cathédrale? *Je suis allé(e)...*
      dans une mairie?
      dans un syndicat d'initiative?

Tu as visité quels monuments historiques près de chez toi?

J'ai visité

Qu'est-ce qu'il y a comme distractions (amusements) dans ta ville?
il y a...

C'est toi, l'urbaniste!
Développe une ville nouvelle, ou rénove le quartier où tu habites. Travaille en équipe.

Villes jumelées

La ville de Southampton, en Angleterre, est jumelée avec Le Havre, en France.
Southampton est un grand port industriel sur la Manche; Le Havre aussi.

Est-ce que ta ville est jumelée avec une autre ville européenne?
Comment s'appelle-t-elle?
Qu'est-ce qu'elle a en commun avec ta ville?

LE RAT DE VILLE ET LE RAT DES CHAMPS

VERSION ORIGINALE D'APRÈS LA FABLE D'ÉSOPE

LE RAT DE VILLE VIENT RENDRE VISITE À SON COUSIN, LE RAT DES CHAMPS.

BIENVENUE CHEZ MOI, MON CHER COUSIN.

MERCI POUR TON INVITATION.

1

JE TROUVE QUE C'EST DÉSAGRÉABLE ICI À LA CAMPAGNE. IL N'Y A PAS ASSEZ DE CONFORT.

DEMAIN TU VAS VENIR CHEZ MOI, À LA VILLE

2

LE LENDEMAIN...

C'EST SPLENDIDE ICI !

OUI, IL Y A BEAUCOUP DE FROMAGE

3

MAIS IL Y A AUSSI TROP DE DANGERS ! MOI, JE PRÉFÈRE RESTER À LA CAMPAGNE !

4

AU REVOIR, MON COUSIN !

MORALE : LE CONFORT N'EST PAS AGRÉABLE QUAND IL Y A TROP DE RISQUES

5

VERSION MODERNE

MENTS E LERAT

MAISONS AGENCE LERAT.

AGENCE LERAT

6

Cher Cousin, ça va, chez toi, à la campagne ? Ici, en ville, il y a trop de stress.

7

Cher Cousin, viens passer des vacances dans le calme de la campagne. C'est très pittoresque ici !

8

SALUT ! QUOI ! TU CULTIVES TES LÉGUMES ?

BIEN SÛR ! C'EST PLUS NATUREL, ET PUIS IL N'Y A PAS BEAUCOUP DE MAGASINS ICI.

9

Courrier
Préférez-vous la campagne ou la ville?

LETTRE DE LA SEMAINE

Ethel, Saint-Michel-l'Observatoire
Je vis à la campagne, et j'en suis très heureuse. Le paysage qui m'entoure est très beau, et j'apprécie l'espace et le calme. Mais, quand je vais à Paris, je suis contente de visiter la ville et certains musées.

Et vous, préférez-vous la ville ou la campagne? Pour quelles raisons?

Merci d'avance à tous ceux qui me répondront.

Des réponses des lecteurs et lectrices

Xavier, Chambray-lès-Tours
Moi aussi je vis à la campagne. Je trouve ça splendide. On a toujours le calme. On est dans la nature. On est dans l'espace. Mais de temps en temps, comme toi, j'ai envie d'aller à la ville. C'est différent. La ville, c'est joyeux et très animé.

Loubéna, Lyon
Je trouve que la campagne fait vieux. J'adore Lyon. Je me balade rue de la République, rue Victor-Hugo, je regarde les magasins, c'est cool. J'adore l'ambiance du métro. Plus tard j'aimerais vivre à Paris.

David, Tours
Salut, Ethel! Moi, je suis à Tours, en ville … et ce n'est pas formidable – le bruit! Quand j'étais petit, j'étais dans le Midi, dans la campagne, et c'était super! Je t'envie beaucoup, tu sais.

Caroline, Ancenis
Tu sais, moi aussi, je vis à la campagne, mais j'adore aller à Paris. Je préfère l'ambiance des grandes villes, et de Paris en particulier. Les gens sont plus actifs que ceux qui habitent à la campagne.

Pierre, Nanterre
Moi, personnellement, je préfère ma ville. J'aime son agitation, son organisation. La campagne est aussi très belle. Il y a, comme tu le dis, de très belles balades à faire etc. Mais je trouve que c'est trop calme.

Sophie, Hydra (Algérie)
Je vis à la ville et, pendant les grandes vacances, je vais toujours à la campagne, chez ma grand-mère, dans le sud-ouest de la France. A la campagne, on est souvent surpris par la nature, et puis c'est très calme. Mais à la ville, l'air est pollué.

Jean-Fabien, Le Havre
Dans ma ville, la pollution est assez importante (raffineries et autres usines). Il est plus agréable de voir des arbres que des cheminées d'usines de 200 mètres. Il est plus beau de voir des champs blancs en hiver, verts au printemps, jaunes en été, marron en automne, plutôt que des champs d'usines. Et le cui-cui des oiseaux est plus mélodieux que le ron-ron des voitures! Je choisis la campagne de préférence. Mais, la ville, ce n'est pas si mal!

François-Xavier, Brunoy (Paris)
J'habite à Brunoy dans la région parisienne, donc à la ville, et je passe de temps en temps mes vacances en Alsace dans un petit village. A Brunoy, j'ai tout ce que je veux près de chez moi, même Paris! En Alsace, je profite des longues balades à pied, de l'ambiance sympa des petits villages. J'envie les habitants, mais je préfère vivre près de Paris.

Feuilleton

Les Ados

8e épisode: Saïda ne veut pas quitter Paris!

1 Ça ne va pas pour Saïda! Elle ne veut pas quitter Paris pour la ville de Nantes.

2 On veut encourager Saïda avec un «Guide de Nantes».

Reportage

Allô les jeunes? Je vous écoute!

Allô les jeunes? Je vous écoute! est un programme qui permet à des jeunes de téléphoner à un invité dans le studio de *RadioActive*. Aujourd'hui, le visiteur est Pierre Raynaud, urbaniste, qui voudrait écouter les réponses des jeunes à trois questions:

- Où voudriez-vous vivre, de préférence?

- Qu'est-ce que vous trouvez nécessaire pour bien vivre dans une ville?

- Quels sont les problèmes dans le quartier où vous habitez?

Jean-Luc

Sylvie

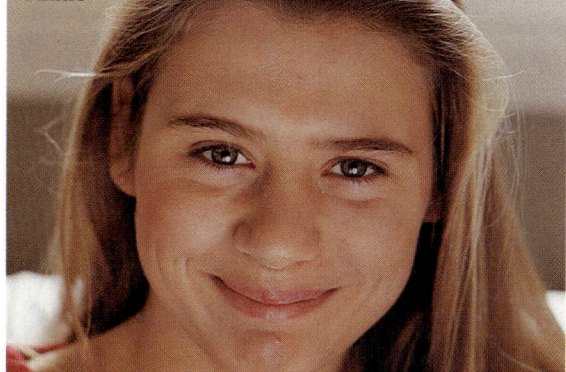
Annie

Louis

Chanson

Venez voir notre ville

Voici le refrain de cette petite chanson:

Venez voir notre ville avec ses monuments,
Sa cathédrale et son musée.
Venez voir notre ville avec ses magasins,
Ses restaurants et ses cafés.

STRASBOURG

Une ville où il fait bon vivre en toute saison

Voici des extraits d'un dépliant qui s'appelle *Strasbourg, une ville où il fait bon vivre en toute saison.*

Strasbourg, c'est une grande ville historique et industrielle. C'est la capitale de l'Alsace, une région de l'est de la France.

Qu'est-ce que tu voudrais visiter à Strasbourg?

Au printemps ▶

Strasbourg, ville verte par excellence, fleurit de toute part, dans ses nombreux parcs et jardins, ses avenues, ses places et au cœur même de la cité.

En automne ▼

Strasbourg prend le temps de vivre . . .

C'est la saison du vin nouveau, de la découverte des villages d'Alsace que dominent, du sud au nord, de superbes châteaux forts.
C'est aussi la rentrée universitaire.

En été ▶

La fête est dans la rue. La ville s'anime et propose . . .

- son spectacle «Son et lumière» à la Cathédrale
- ses spectacles folkloriques au Château des Rohan
- ses concerts
- ses illuminations nocturnes des quais, ponts et monuments
- ses visites guidées en mini-train, en vedette, à pied
- ses circuits aériens au-dessus de la ville et de la plaine d'Alsace
- ses distractions sportives (piscines, golf, tennis etc.)

En hiver ▲

- ses opéras
- ses théâtres
- ses cabarets satiriques
- ses ballets
- ses spectacles de variété

Dans le cadre des sports d'hiver, Strasbourg dispose d'une très belle patinoire et marque un excellent point de départ pour les stations de ski vosgiennes.

1 Comment est la ville?

L'été dernier, j'ai visité St-Malo. C'est une petite ville touristique. Je trouve que c'est très animé – il y a beaucoup de distractions.

C'est une	grande petite	ville	moyenne. nouvelle. historique. touristique. moderne. industrielle. importante.
Je trouve que c'est			intéressant. ennuyeux. agréable. désagréable. calme. animé. pittoresque. ordinaire. formidable.

2 Des bâtiments importants

le commissariat   le café   la mairie   la station-service

l'aéroport   la cathédrale   l'hôtel   l'université

le garage   la banque   l'hôpital

la gare routière   la poste   les magasins   l'office de tourisme/ le syndicat d'initiative   l'usine

3 beaucoup, assez, trop

A Paris ...
- il y a beaucoup de monuments historiques.
- il n'y a pas assez d'espaces verts.
- il y a trop de voitures et d'embouteillages.

beaucoup trop assez	de d'	...

4 son, sa, ses

SAINT CEZAIRE sur SIAGNE
alt: 470m
vous propose

.ses grottes
.sa chapelle du XIIe siècle
.son vieux village
.son point de vue
.ses puits romains
.ses vestiges mégalithiques
.son pont romain sur la Siagne

un son	pont
une sa	chapelle
des ses	plages

Le bon chemin

JEUX

OÙ SUIS-JE?

– Léon, qui se trouve à ma gauche, regarde Pierre placé à sa droite.
– Marc regarde Gilbert qui se trouve à sa gauche.
– Pierre et Gilbert ont quatre personnes à leur droite.

Où suis-je? Quel est le prénom de mes camarades?

QUI FAIT QUOI? QUI EST QUI?

?

Voici six copains et copines: Nicolas, Laure, Carine, Sophie, Antoine et Pascal. Il y en a deux qui vont faire du volley. Les quatre autres vont faire tous des activités différentes: foot, bronzage, pêche, natation.

Qui va faire quoi? Qui est qui? Voici des indices:

- Sophie et Nicolas vont jouer au volley. La personne qui va jouer au foot est entre Sophie et Nicolas.

- La fille qui va faire de la natation est à côté du garçon qui va jouer au volley.

- La fille qui va à la pêche n'a pas de garçon à côté d'elle.

- Laure ne va pas faire du bronzage et elle n'est pas à côté de la fille qui va faire de la natation.

- Pascal n'est pas à côté de Nicolas et il n'aime ni le foot ni la pêche.

- Laure et Antoine sont séparés par une personne.

ATTENTION! Les personnages ne portent pas encore les vêtements pour leur activité future.

Quel est le **prénom** et **l'activité** des personnages 1 à 6?

Claude MALCHANCE va au LOUVRE.

Claude Malchance se trouve dans la région parisienne aujourd'hui.
Il décide d'aller visiter le Louvre, le grand musée d'art, dans le centre de Paris.

la MER de SABLE

Picardie

Voici le parc d'attractions *La Mer de Sable* à Ermenonville dans le nord de la France.
Comment s'appellent les numéros 1, 3, 8, 13, 19, 21, 28, 31, 37, 38, 43 et 48 sur le plan?

Exemple **1** = Parkings

- Il y a des **Parkings** à gauche et à droite de l'entrée.

- Le **Circuit Motos** est près du Train du Désert.

- Le **Circuit Petites Voitures** est à droite de la Roue Panoramique.

- L'**Administration** est à droite de l'entrée.

- La **Crêperie «Ferme Normande»** est à côté du Golf Miniature et en face des Grandes Balançoires.

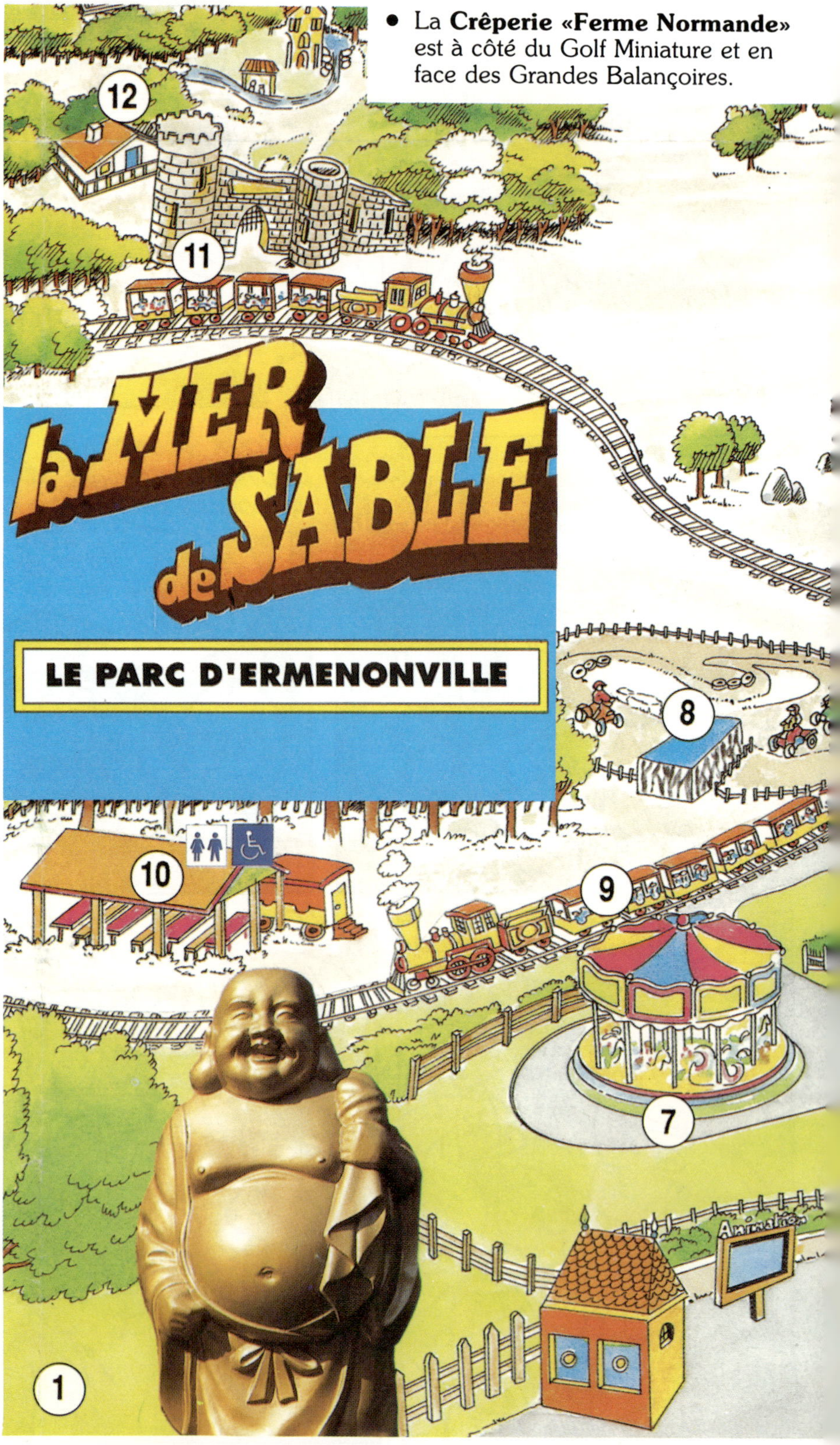

- Le **Galion Echoué** est à gauche des toilettes.
- La **Pagode Chinoise** est à côté des Glaces Déformantes.
- Le **Ranch** est à côté des bisons.
- Le **Restaurant «Al Koutoubia»** est derrière le restaurant «Le Patio».
- Le **Restaurant «Saloon»** est à gauche de la Rivière Sauvage.
- Le **Souk** (un marché arabe) est à côté des dromadaires.
- La **Tour à Parachute** est en face du Pont Suspendu.

TOUTE SORTIE DU PARC EST DEFINITIVE

Le coursier

RADIO ACTIVE

Les Ados

9e épisode: Dédé va à la Maison de la Radio

Chanson
Excusez-moi monsieur!

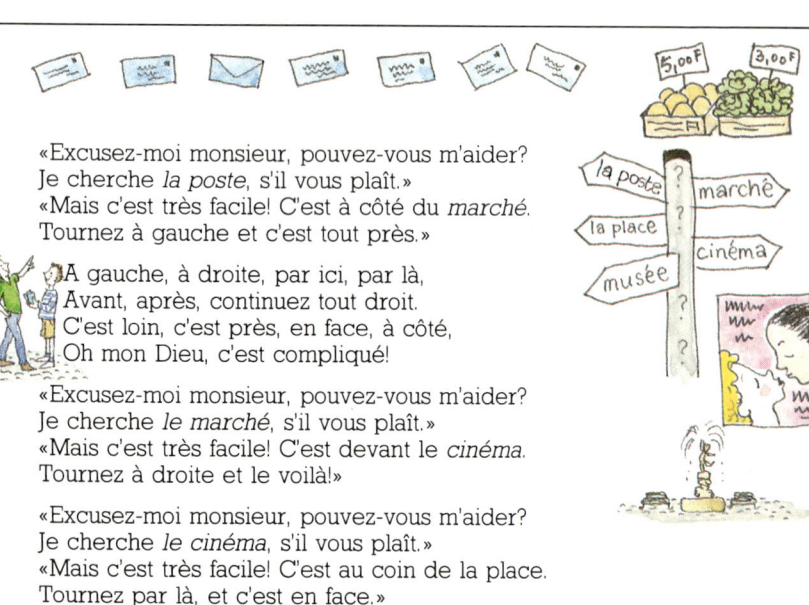

«Excusez-moi monsieur, pouvez-vous m'aider?
Je cherche *la poste*, s'il vous plaît.»
«Mais c'est très facile! C'est à côté du *marché*.
Tournez à gauche et c'est tout près.»

A gauche, à droite, par ici, par là,
Avant, après, continuez tout droit.
C'est loin, c'est près, en face, à côté,
Oh mon Dieu, c'est compliqué!

«Excusez-moi monsieur, pouvez-vous m'aider?
Je cherche *le marché*, s'il vous plaît.»
«Mais c'est très facile! C'est devant le *cinéma*.
Tournez à droite et le voilà!»

«Excusez-moi monsieur, pouvez-vous m'aider?
Je cherche *le cinéma*, s'il vous plaît.»
«Mais c'est très facile! C'est au coin de la place.
Tournez par là, et c'est en face.»

«Excusez-moi monsieur, pouvez-vous m'aider?
Je cherche *la place*, s'il vous plaît.»
«Mais c'est très facile! Vous tournez le coin.
C'est près de la *poste*, ce n'est pas loin.»

«Excusez-moi monsieur, pouvez-vous m'aider?
Je cherche *la poste*, s'il vous plaît.»
«Mais c'est juste ici, derrière le musée,
Mais c'est midi, et c'est fermé!»

«Oh, zut alors!»

1 *Dédé annonce qu'il va passer une audition à la* ▶▶
Maison de la Radio demain, à midi!

3 *Un choc pour Dédé!*

MICRO MOBILE

Et Caroline!

Aujourd'hui, pour une fois, c'est Caroline qui prend
le Micro Mobile avec elle. C'est un jour spécial
pour Caroline: elle va passer son permis de
conduire.

2 *Dédé va à la Maison de la Radio dans la voiture d'Albert.*

Il y a beaucoup de panneaux en cours de route. Ecoute l'épisode, et puis mets les panneaux **a** à **h** dans le bon ordre.

Exemple 1 = a.

a

PLACE CH. DE GAULLE - ÉTOILE

b c d e

f METRO

g h P

La Maison de la Radio à Paris

A toi maintenant!

La voiture d'Albert est dans le ☐P à côté du Pont de Grenelle. Après «l'audition» de Dédé, Albert va retourner à la place Charles de Gaulle en voiture.

Cherche une route pour Albert. Mais attention! Il y a beaucoup de rues à sens unique. Elles sont indiquées ↑ ou ↓

Va....!
Tourne....! Passe....!
Traverse....!
Continue....!
Prends....!

JEUX

C'EST QUELLE RUE?

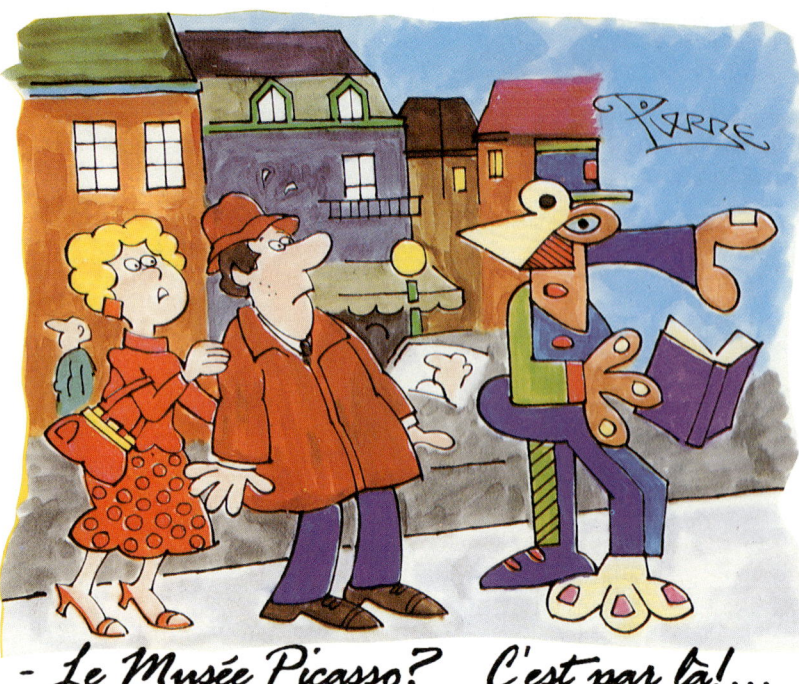

- Le Musée Picasso? C'est par là!...

Que sais-tu sur les origines des noms de rues? Fais ce petit jeu-test!

Lis les numéros **1** à **10** et regarde les photos. Demande où est la rue en question. Tu demandes:

Pour aller à la rue . . .?
Pour aller à la place . . .?
Pour aller à l'avenue . . .?
Pour aller au boulevard . . .?

Demande la rue qui porte le nom . . .

1 d'un grand premier ministre britannique.

Exemple *Pour aller à l'avenue Winston Churchill?*

2 d'un président des Etats-Unis.

3 d'un président de la république française.

4 d'un ingénieur, créateur d'une tour célèbre.

5 d'un roi de France.

6 d'une reine de Grande-Bretagne.

7 de l'auteur des «Misérables» et de «Notre-Dame de Paris».

8 de l'inventeur de la microbiologie.

9 d'un artiste français qui a peint beaucoup de vues de Paris.

10 d'un musicien français, compositeur de la «Symphonie fantastique».

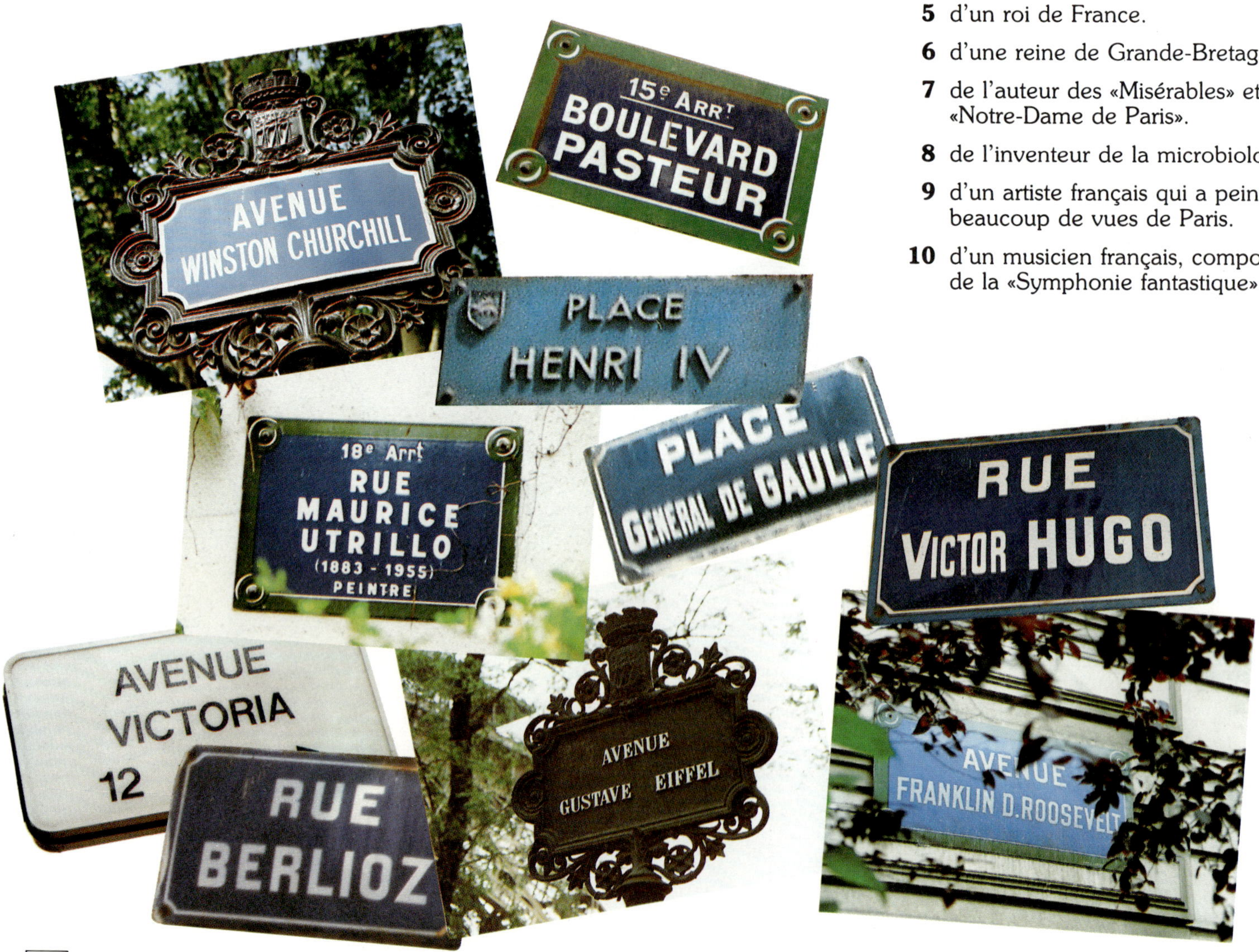
AVENUE WINSTON CHURCHILL
15e ARRT BOULEVARD PASTEUR
PLACE HENRI IV
18e Arrt RUE MAURICE UTRILLO (1883 - 1955) PEINTRE
PLACE GENERAL DE GAULLE
RUE VICTOR HUGO
AVENUE VICTORIA 12
RUE BERLIOZ
AVENUE GUSTAVE EIFFEL
AVENUE FRANKLIN D. ROOSEVELT

 Musée 9/3/2; C'est quelle rue? 9/3/3

1 En position

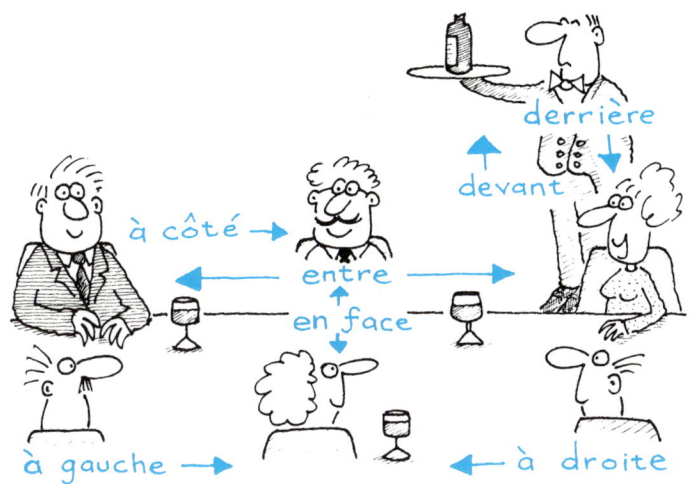

derrière
devant
à côté
entre
en face
à gauche
à droite

2 Dans la rue

l'arrêt d'autobus

le carrefour

la cabine téléphonique

le rond-point

le parking

les feux

TAXIS
la station de taxis

le pont

près	**de** Paul
à gauche	**du** carrefour [de + le → du]
à droite	**de la** station de taxis
à côté	**de l'**arrêt d'autobus
en face	**des** feux [de + les → des]

3 Excusez-moi...

Est-ce qu'il y a un restaurant près d'ici?

AU PIED DE COCHON
4ème RUE A DROITE

Où est l'office de tourisme? *C'est loin?*

AUTOCAR SNCF ARRÊT
à gauche en sortant.
OFFICE de TOURISME
Syndicat d'Initiative
à 300 m. près de la Mairie.

Oui, «Au pied de cochon», c'est **après** la troisième rue à droite.

Non, c'est **par là**, **juste avant** la Mairie.

INTERMARCHÉ
les Mousquetaires de la Distribution
AU PONT À GAUCHE RN 76 DIRECTION

Pour aller au supermarché, s'il vous plaît?

C'est à gauche, **tout près** du pont.

4 C'est par là!

Tournez à gauche.

Allez tout droit. Continuez tout droit.

Traversez la rue.

Prenez la première rue à droite.

TOI!	VOUS!
Continue ...!	Continuez ...!
Passe ...!	Passez ...!
Prends ...!	Prenez ...!
Tourne ...!	Tournez ...!
Traverse ...!	Traversez ...!
Va ...!	Allez ...!

On fait les magasins

LES MAGASINS FRANÇAIS

En France, il y a beaucoup de supermarchés ...

... et il y a beaucoup de grands magasins ...

Mais très souvent les clients préfèrent les petits magasins ordinaires: la boulangerie, la boucherie, l'épicerie et les autres.

Voici trois magasins en un:

▶ *la boulangerie pour le pain et les croissants,*
la pâtisserie pour les gâteaux, et
la confiserie pour les chocolats, les bonbons et les glaces.

A la boucherie on achète de la viande.
A la charcuterie on achète du jambon, des saucisses, du pâté, et aussi des salades préparées.

Dans ce petit magasin il y a ...

une épicerie *pour des biscuits, de l'huile, des confitures, des fruits, des légumes etc. et*
une crémerie *pour des fromages, des produits laitiers, des œufs.*

A la librairie on achète des livres et des magazines.
A la papeterie on achète du papier, des cahiers, des stylos etc.

Ici à la pharmacie on trouve: des médicaments (de l'aspirine, par exemple) et des produits d'hygiène (du shampooing, du dentifrice etc.).

C'EST QUEL MAGASIN?

Les photos **1** à **10** sont de quel magasin?

Exemple 1 = a la boucherie.

a la boucherie
b la boulangerie
c la charcuterie
d la confiserie
e la crémerie
f l'épicerie
g la librairie
h la papeterie
i la pâtisserie
j la pharmacie

Un pot de confiture

Le magasin idéal

une Ferrari Testarossa	10 F 50
un vélo	4 F 50
une chaîne hifi	2 F 30
un ordinateur	1 F 20
une voiture télécommandée	,50
une radio-cassette	1 F 80
une montre	2 F 50
un équipement de ski	1 F 70
un équipement de tennis	1 F 70
un clavier	,60
une batterie	1 F 10
un voyage aux Fidjis	,40

SUPER U

BOISSON A L'ORANGE U
La bouteille de 200 cl

6F,45

CRÈME FRAICHE U
Le pot de 50 cl

6F,90

BONBONS MENTHE FRAICHE U
Le sachet de 500 g

7F,40

U SÉLECTION QUALITÉ PRIX

JAMBON SURCHOIX U - 6 tranches
poids net : 270 g

16F,60

BISCUITS FOURRÉS U
- marmelade orange
- marmelade framboise
Le paquet de 150 g

4F,30

CAFÉ SOLUBLE AGGLOMÉRÉ SÉLECTION U
Le bocal de 200 g

DENTIFRICE ANTI-TARTRE U
Le tube de 75 ml

MAIS DOUX U
La boîte 1/2 : 285 g net égoutté

16F,55

4F,95

3F,85

Jeu

Le jeu des soldes géantes

Sophie et Gérard, deux jeunes visiteurs au studio de
RadioActive, répondent aux questions de
Jean-Pierre Dubois et gagnent des cadeaux
magnifiques.

Idées

Un peu de cuisine

Caroline et Jean-Pierre présentent un menu simple mais délicieux.

Spaghettis aux légumes

jambon, courgettes, huile d'olive, tomates, spaghettis, eau,
beurre, parmesan.

Pommes sautées

framboises, groseilles, sucre, pommes, beurre, glace à la
vanille.

Ecoutez les quantités des ingrédients.

Chanson

Je n'aime pas le mercredi matin

Je n'aime pas le mercredi matin.
Il me faut faire les magasins.
Voici la liste pour aujourd'hui:
«Des aspirines à la pharmacie.»
Mais ce n'est pas tout, c'est pas fini!

Je n'aime pas le mercredi matin.
Il me faut faire les magasins.
Voici la liste pour aujourd'hui:
«Douze baguettes à la boulangerie,
Des aspirines à la pharmacie.»
Mais ce n'est pas tout, c'est pas fini!

«Soixante-dix éclairs à la pâtisserie.»

«Dix kilos de bœuf à la boucherie.»

«Cent bouteilles de vin à l'épicerie.»

«Un grand cochon à la charcuterie!»

Et ça, c'est tout, et c'est fini! Ouf!

Concours
Inventez d'autres vers pour la chanson:
à la confiserie, à la crémerie, à la librairie, à la papeterie, au supermarché ou au grand magasin.

Feuilleton
Les Ados

10ᵉ épisode:
Dédé achète une guitare

Les guitares Strat sont trop chères pour Dédé.

Dédé cherche une guitare d'occasion dans le magazine «Guitare et Sono». Il va chez M. Patrick Bouvet avec Marie-Isabelle.

C'est quoi, ces trucs-là?

Ce garçon s'appelle Nestor. Il a beaucoup de cadeaux. Mais, c'est quoi, ces trucs-là?

Lis les détails des objets 1 à 24, et puis trouve la lettre qui correspond à chaque numéro.

Exemples
1 = S (ses bretelles et sa cravate)
2 = R (son T-shirt)

Comme il est beau, Nestor, avec ses bretelles poissons-coquillages et sa cravate fruits et légumes, tout en latex et en relief (1), sur son tee-shirt au graphisme audacieux (2). Mais qu'a-t-il donc aperçu au bout de sa lunette (3) pour ainsi négliger tous les autres gags et gadgets prévus pour le dérider entre deux contrôles ? Patientent, un brin boudeurs, son tricératops de papier (4), ses joujoux à l'ancienne en métal peint — un beau circuit automobile

pourtant (5), un Zeppelin (6), un bus londonien à deux étages (7) et une poignée d'avions (8) — près d'une théière dragon froide et vide (9). En rade, le puzzle « parapente » (10), le jeu du « Grand Bleu » (11), les échasses (12) et le skate antidérapant (13). En vrac, dans cette belle pagaille, le matériel à préparer pour le prochain week-end nature : la lampe rechargeable (14), la lanterne-bougie et le mini-réchaud qui se range dans la petite gamelle du parfait cam-

PHOTO GIL LEFAUCONNIER ASSISTÉ DE ARMELLE TYROU

102

peur (15), le petit appareil miracle qui calme par la chaleur les piqûres de guêpes, moustiques, méduses et autres méchantes bêtes (16), le supermarteau de géologue (17) pour ramasser les petits cailloux et le bloc Oise-note (18) pour mieux observer les petits oiseaux, les boussoles-boules (19) pour ne pas perdre le nord et les supermontres avec altimètre, baromètre, règle à calcul, etc., savantes à en perdre la boule (20), sans oublier les chaussettes avec pastilles de céramique intégrées pour masser les petons pendant les randonnées (21) ! Les cartes postales-découpages (22) et celles tirées à partir des chefs-d'œuvre de Nestor (23) se demandent si elles visiteront un jour une boîte aux lettres tandis que, désespérément, l'hygroplante (24) hurle de tout son cadran que la petite fleur a soif.

Si tu as des difficultés …

3 Des lunettes = 👓
Alors, une lunette = ???

4 Un tricératops était un dinosaure.

6 Un Zeppelin était un avion-ballon.

12 Tu es trop petit? Alors, marche sur des échasses!

15 Au camping, on fait la cuisine sur un réchaud.

16 L'appareil miracle, c'est le truc blanc et rouge à côté du bus.

17 Un marteau = 🔨

18 Un bloc = un cahier.

19 Une boussole = un instrument qui indique le nord; boule: en forme d'une balle.

20 Des supermontres: des montres avec beaucoup de gadgets.

23 Les chefs d'œuvre: des photos transformées en cartes postales.

24 L'hygroplante: l'appareil qui mesure l'eau qu'on donne à une plante.

1) 270 F et 260 F; 22) 10 F pièce ; le tout chez Pylônes, 7, rue Tardieu à Paris, tél. : (1) 46.06.37.00. 2) 180 F le tee-shirt Escher; 3) 80 F; 4) 80 F; 5) 190 F; 6) 145 F; 7) 100 F; 8) 25 F pièce; 9) 300 F; 19) 15 F pièce; tous ces objets chez Marais Plus, 20, rue des Francs-Bourgeois à Paris, tél. : (1) 48.87.01.40. 10) 70 F environ; 11) 200 F; les deux dans les grands magasins et magasins de jeux.12) 312 F; 13) 140 F; les deux au Ciel est à tout le monde, 3, rue de l'Église à Saint-Cloud, tél. : (1) 46.02.04.07. 14) 581 F la lampe libre Philips chez Arlumière, 8, avenue Victoria à Paris, tél. : 42.71.23.42. 15) 71 F la lanterne bougie, 132 F la popote-réchaud ; 16) 130 F le therapik ; ces trois objets au Vieux campeur, 48, rue des Écoles à Paris, tél. : (1) 43.29.12.32. 17) 350 F; 18) 49,50 F; les deux chez Nature et Découverte, au Forum des Halles, 10 bis, rue de l'Arc-en-Ciel à Paris, tél. : (1) 40.28.42.16. 20) Montres Casio, de 850 F à 1 220 F, selon le modèle. 21) 199 F chez M.F.D., 141, avenue de Saint-Ouen à Paris, tél. : (1) 42.63.90.50. 23) 6,50 F pièce (tarif dégressif selon les quantités) pour transformer votre négatif en vraie carte postale aux laboratoires ECO, 18, rue des Campanules à Marne-la-Vallée, tél. : (1) 60.17.29.27. 24) 125 F à la Maison de l'Astronomie, 33, rue de Rivoli à Paris, tél. : (1) 42.77.99.55.

LES PROFESSIONS 5

La sorcière

VOICI UNE SORCIÈRE TRADITIONNELLE. SA VIE ÉTAIT SIMPLE ! 1

Ah, c'est ça le problème ! Bon, on va faire des courses en ville.

SUPER ! J'adore faire du shopping !

UNE SORCIÈRE MODERNE A DES PROBLÈMES MODERNES 2

ÉLECTROMÉNAGER

Je cherche un truc comme ça.

Une pédale d'aspirateur ? Désolé, madame, ce modèle est trop vieux ! Achetez un nouvel aspirateur !

Qu'est-ce que vous avez comme aspirateurs ?

IL Y A DES PROBLÈMES TECHNIQUES . . . 3

Bon, je prends ce modèle. 2000 F ! On l'à là !

LA VIE EST CHÈRE . 4

VÊTEMENTS FEMME

Je prends ces chaussures... et ce chapeau... et cette robe !

J'adore ce magasin, mais il est très cher !

ET IL EST DIFFICILE D'ACHETER 5

ANIMALERIE

Vous avez des chauve-souris ? Vous avez des crapauds ?

Non, désolé, madame ! Mais j'ai des souris mignonnes.

. . DES INGRÉDIENTS MAGIQUES 6

Qu'est-ce que vous avez comme serpents ?

J'ai des boas.

Bon, je voudrais un kilo de boa.

7

un KILO de boa ?

Euh, je veux dire, un boa. Je prends ces six souris, et ce serpent.

Du boa et des souris ! Miam miam !

8

ET PUIS, IL Y A DES PROBLÈMES DE TRANSPORTS.

Il est minuit. Au travail !

Oh non ! Encore un embouteillage.

9

EH OUI, LA SORCIÈRE MODERNE A AUSSI DES PROBLÈMES MODERNES !

1 Des magasins

Est-ce qu'il y a . . .

une boucherie

une boulangerie

une charcuterie

une confiserie

une crémerie

une épicerie

une librairie

une papeterie

une pâtisserie

une pharmacie

un magasin de chaussures

un magasin de vêtements

un magasin de jouets

un grand magasin

. . . près d'ici?

2 On fait des courses

un bocal	de . . .
une boîte	d'
une bouteille	
. . . grammes	
un kilo	
un litre	
une livre	
un paquet	
un pot	
un sachet	
une tranche	
un tube	

un / ce	chapeau
une / cette	robe
des / ces	chaussures

La télé, la radio, les films

- Tu aimes regarder la télévision ou des films?
- Tu aimes écouter la radio?
- Alors … participe à la grande enquête à la page 107!

Juniorscopie

Les Européens et la télé

Les Européens passent environ trois heures par jour devant la télévision. Voici le temps passé à regarder la télévision en moyenne par personne et par jour en 1990:

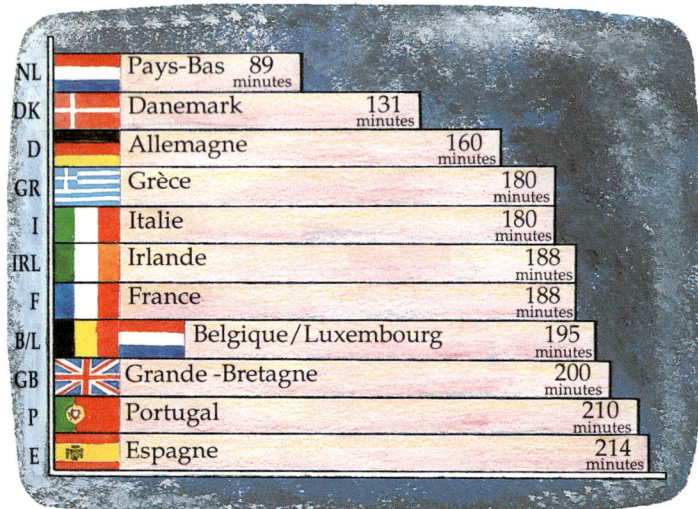

		minutes
NL	Pays-Bas	89
DK	Danemark	131
D	Allemagne	160
GR	Grèce	180
I	Italie	180
IRL	Irlande	188
F	France	188
B/L	Belgique/Luxembourg	195
GB	Grande-Bretagne	200
P	Portugal	210
E	Espagne	214

Radio Active enquête

Les Français regardent la télévision 188 minutes par jour – en moyenne. Mais il y a beaucoup de variations individuelles. Tout le monde est différent!

Aujourd'hui Caroline Roland pose ces questions à sept garçons et filles de 12 à 14 ans:

Combien de temps à peu près passes-tu devant la télé?
«Tu la regardes chaque jour?»
«Tu la regardes combien d'heures par jour?»

Les sept jeunes gens donnent sept réponses différentes.

Discussion

Allô les jeunes? Je vous écoute!

Encore une édition de l'émission qui invite les jeunes à téléphoner à un visiteur dans le studio de *Radio Active*.

Aujourd'hui, le visiteur est François Lebrun, directeur des programmes d'une chaîne de télévision.

«Les enfants regardent beaucoup la télé le mardi soir, parce que le mercredi ils ne vont pas à l'école,» dit François Lebrun. «Alors, voilà ma question … **Quel genre d'émission voudriez-vous regarder le mardi soir?**»

Feuilleton

Les Ados

Episode 11: Une annonce intéressante!
C'est lundi soir. Dédé et les filles ne vont pas au club. Qu'est-ce qu'on va regarder à la télé? C'est une question difficile, mais Dédé trouve la solution!

Enquête sur la télé, la radio et les films

A La télé (et les films en vidéo)

1 Tu regardes la télé . . .
- ☐ trop
- ☐ beaucoup
- ☐ un peu
- ☐ très peu

2 Tu la regardes . . .
- ☐ chaque* jour
- ☐ presque* chaque jour
- ☐ 3 ou 4 jours par semaine
- ☐ 1 ou 2 jours par semaine
- ☐ de temps en temps*

3 Tu la regardes surtout . . .
- ☐ le matin
- ☐ en semaine
- ☐ l'après-midi
- ☐ le week-end
- ☐ le soir
- ☐ pendant les vacances

4 En moyenne, tu la regardes combien d'heures par jour, à peu près*?

> Chaque* jour = *tous les jours*
> Presque* chaque jour = *5 ou 6 jours par semaine*
> De temps en temps* = *des fois, rarement*
> A peu près* = *approximativement*
> Voir* = *regarder*

B La radio

5 Tu écoutes la radio . . .
- ☐ trop
- ☐ beaucoup
- ☐ un peu
- ☐ très peu

6 Tu l'écoutes . . .
- ☐ chaque jour
- ☐ presque chaque jour
- ☐ 3 ou 4 jours par semaine
- ☐ 1 ou 2 jours par semaine
- ☐ de temps en temps

7 Tu l'écoutes surtout . . .
- ☐ le matin
- ☐ en semaine
- ☐ l'après-midi
- ☐ le week-end
- ☐ le soir
- ☐ pendant les vacances

8 En moyenne, tu l'écoutes combien d'heures par jour, à peu près?

C Le cinéma

9 Tu préfères voir* un film . . .
- ☐ au cinéma
- ☐ à la télévision
- ☐ en vidéo

10 Vas-tu au cinéma . . .
- ☐ très souvent (par exemple, une fois par semaine)
- ☐ assez souvent (par exemple, une fois par mois)
- ☐ de temps en temps (par exemple, deux ou trois fois par an)
- ☐ rarement (par exemple, une fois par an)

D Les émissions

11 Qu'est-ce que tu aimes regarder comme émissions à la télévision?
- ☐ les films
- ☐ les séries
- ☐ les comédies
- ☐ les jeux
- ☐ les sports
- ☐ le journal (= les informations)
- ☐ la musique
- ☐ la publicité

E Tes préférences

12 A la télé, quelle est ton émission préférée? C'est quoi, comme émission?

13 A la radio, quelle est ton émission préférée? C'est quoi, comme émission?

14 Comment s'appelle ton film préféré? C'est quoi, comme film?
C'est . . .
- ☐ un documentaire sur . . . .
- ☐ un feuilleton
- ☐ un policier
- ☐ un western
- ☐ un dessin animé
- ☐ un jeu

C'est un film ou une série . . .
- ☐ d'aventures
- ☐ d'amour
- ☐ de science-fiction
- ☐ de guerre
- ☐ d'espionnage
- ☐ d'horreur
- ☐ historique
- ☐ comique

C'est une émission . . .
- ☐ de musique
- ☐ de sports
- ☐ de reportages
- ☐ de variétés

ICI PARIS TELE CONTACT

UN VOYAGE EN TGV

Jean et Sirine sont allés de Paris à la ville du Mans en TGV – Train à Grande Vitesse.

Chaque TGV a dix voitures.

*Il y a environ 40 000 passagers qui prennent le TGV tous les jours.
Chaque jour il y a 15 aller-retour de TGV.
Ce train va à 300 kilomètres/heure.*

Pour Paris – Le Mans c'est 200 kilomètres en 55 minutes!

Pendant cette émission, regardez le train battre le record du monde: 515 kilomètres/heure!

APRES LE FILM

De retour à Paris, Jean et Sirine sont allés au cinéma.

Tu aimes les films d'amour?

Bof! Ouais, mais je préfère les films d'aventures! Les garçons, ils préfèrent les films policiers. Les filles, elles, préfèrent les films d'amour.

C'est pas vrai! Moi, j'aime bien les films d'aventures aussi!

C'est vrai? Qu'est-ce que les garçons préfèrent en général comme films? Et les filles?

JEUX

C'EST QUELLE EMISSION?

Douze émissions . . . douze photos!
Pour les émissions **1** à **12**, trouve une des photos **A** à **L**.

A

B

C

D

E

LUNDI

1 **18.55 SANTA BARBARA**
Feuilleton américain.
Victoria (Kristen Meadows, photo ci-contre) part avec le bébé passer quelques jours chez sa mère . . .

MARDI

2 **20.40 RETOUR VERS L'ENFER**
Film de guerre américain de Ted Kotcheff (1983).
L'histoire: Franck, le fils du colonel Rhodes, a disparu pendant la guerre du Viêt-Nam. Dix ans après, son père reste persuadé qu'il est prisonnier dans un camp dans la jungle . . .

3 **20.45 CHOUANS!**
Film d'aventures historiques français de Philippe de Broca (1987).
L'histoire: Le comte de Kerfadec salue la Révolution, mais après l'exécution de Louis XVI il refuse de prendre parti dans la guerre civile . . .

MERCREDI

4 **20.45 JEUX SANS FRONTIERES**
Jeu européen présenté par Daniela Lumbroso.
Thème: Les origines de Madrid.

5 **22.10 RIRE A2**
Emission de variétés.
Sketches, danses et chansons de Jean-Marie Bigard et ses invités.

JEUDI

6 **20.35 UN SAC DE BILLES**
Comédie dramatique français de Jacques Doillon (1975).
L'histoire: Maurice, 13 ans, et Joseph, 10 ans, sont les plus jeunes enfants d'un coiffeur juif de Paris. Sous l'Occupation, ils doivent porter l'étoile jaune. Un jour, Maurice donne son étoile à un camarade en échange d'un sac de billes . . .

7 **22.15 BONJOUR LES 70: 1979**
Série de clips présentée par Claude François junior. Une rétrospective des succès des années 70.

VENDREDI

8 **20.45 THALASSA**
Magazine de la mer de Georges Pernoud.
Thème: l'île Maurice est une petite île de l'Océan Indien, située à 800 kilomètres à l'est de Madagascar. En 1715, les Français colonisent l'île . . .

9 **23.35 MINUIT SPORT**
Sport Athlétisme: championnats du monde en direct de Tokyo.

SAMEDI

10 **21.00 PARANA**
Documentaire français.
Thème: Frontière naturelle entre le Brésil et le Paraguay, la Parana est, avec ses 3 300 kilomètres de long, le plus important fleuve d'Amérique du Sud après l'Amazone.

DIMANCHE

11 **16.40 DISNEY PARADE**
Dessin animé:
LE COUSIN DE DONALD.

12 **20.45 TAGGART: UNE GALERIE D'ART**
Le policier du dimanche soir.
Série britannique réalisée par Alan Macmillan.
L'histoire: Taggart enquête le meurtre d'un jeune homme retrouvé dans une voiture . . .

18.55 Santa Barbara *Inédit.* Série américaine. Victoria va passer quelques jours chez sa mère avec son bébé.
19.25 La roue de la Fortune Jeu.
20.00 Journal, météo
20.35 Tirage du Tapis vert
20.45 LES SOIRÉES DU RIRE Variétés.
22.40 DUO D'ENFER *Inédit.* Série américaine.
23.35 Minuit sport Par le service des sports.

18.35 MAGUY *Déjà diffusé. Voir ci-contre.*
19.00 Question de charme Jeu.
19.30 Des jours et des vies *Inédit.* Série. Jennifer apprend à Emilio qu'elle connaît la vérité sur les circonstances de l'accident. Avec Michael Weiss, Lisa Howard.
20.00 Journal, météo Avec Henri Sannier.
20.45 JO *Inédit.* Téléfilm en trois parties de Philippe Monnier (n° 3 et fin).
22.15 OTELLO Opéra de Giuseppe Verdi. Retransmis en simultané et en stéréo sur France Musique. *Voir ci-contre.*

18.30 Questions pour un champion Jeu présenté par Julien Lepers.
19.00 19-20 Journal Présenté par Paul Amar et Elise Lucet.
19.10 Journal régional
19.33 19-20 Suite.
20.05 La classe Avec Fabrice. Invitée : Sara Mandiano.
20.45 TARGET *Déjà diffusé sur Canal +.* Film américain d'Arthur Penn (1985). Aventures.
22.40 Soir 3 Avec Marc Autheman.
23.00 OCEANIQUES Magazine culturel

SÉRIE FRANÇAISE.

MAGUY
FUGUES EN ELLE MINEURE
(Rediffusion).

Maguy (Rosy Varte), Rose (Marthe Villalonga) et Georges (Jean-Marc Thibault).

Toute la famille Boissier croit que **Christian** (Gérard Ismaël) a enlevé une gamine de 14 ans, **Vanessa** (Edwige Rauline) : c'est la catastrophe !

TÉLÉFILM AMÉRICAIN.

CHASSEURS DE PRIMES II : LES AS DE LA COMBINE
RÉALISÉ PAR BILL NORTON (1989).

Avec **John Schneider :** *Hardball* • **Paul Rodriguez :** *Gomez* • **Hector Mercado** • **Gloria Hayes** • **Brian George.**

Hardball (John Schneider) et **Gomez** (Paul Rodriguez), deux chasseurs de primes appâtés par le gain, sont confrontés à une tâche difficile : la poursuite sans merci d'un être qui leur est très cher.

Hardball (John Schneider).

Otello

Placido Domingo (Otello)

Avec Placido Domingo (Otello), Kallen Esperian (Desdémone), Renato Bruson (Iago), Bernard Lmbardo (Cassio), Robert Dumé (Roderigo), Nadine Denize (Emilia). L'histoire: Le général maure Otello a épousé une jeune Vénitienne, Desdémone. Leur amour choque Iago. Habilement, celui-ci fait germer le doute dans le cœur de son chef.

18.50 Top 50 Hit-parade avec C. Teysseire (stéréo).
19.30 Flash d'informations
19.35 Les Simpson Dessin animé (stéréo).
20.30 NE POUR VAINCRE Film américain d'Ivan Passer (1971) Comédie dramatique.
21.55 Flash d'informations
22.00 L'homme qui a voulu s'offrir Hollywood *Déjà diffusé.* Documentaire.

19.05 Kojak *Déjà diffusé.* Série américaine. «Une ombre au tableau». Daley tue accidentellement un jeune garçon. Kojak décide de lui venir en aide. Avec Telly Savalas.
20.00 Journal Avec Frédéric Dézert.
20.35 Météo
20.40 Journal des courses
20.45 CHASSEURS DE PRIMES *Inédit.* «Les as de la combine». Téléfilm américain réalisé par Bill Norton. *Voir ci-contre.*
22.30 LES BIDASSES AUX GRANDES MANŒUVRES *Déjà diffusé.* Film français de Raphaël Delpard (1981). Comédie.

19.00 La petite maison dans la prairie *Déjà diffusé.* Série américaine. «Sylvia» (première partie). Avec Michael Landon.
19.54 Six minutes - M6 Finances
20.00 Cosby show *Déjà diffusé.* Série américaine. «Dernier avertissement». Vanessa travaille mal à l'école.
20.35 LES EGOUTS DU PARADIS *DÉPROGRAMMÉ* ~~diffusé en 1986.~~ Film policier français de José Giovanni (1978).
22.20 Météo des plages
22.25 LES CADAVRES EXQUIS DE PATRICIA HIGHSMITH *Déjà diffusé en 1990.* Téléfilm français de Roger Andrieux. «L'amateur de frissons».
23.15 Charmes Magazine de charme. Proposé par Patrick Drujon.
23.45 Six minutes Journal.
23.50 Destination danger *Déjà diffusé.*

Courrier

QUE PENSEZ-VOUS DE LA TELEVISION?

LETTRE DE LA SEMAINE

J'ai un problème: chez moi, il n'y a pas de télé! Mes parents trouvent que la télévision est mauvaise parce qu'il y a trop de publicité, les émissions ne sont pas bien, et les bons films sont trop rares ou trop tard le soir. Et vous, que pensez-vous?

Olivier

Moi, je pense que **la télévision est un système de communication extraordinaire**. J'aime beaucoup le journal, parce qu'il est informatif. J'aime voir les sports, la météo et des découvertes scientifiques – mais je n'aime pas les bla-bla-bla des hommes politiques!

Bénédicte

Salut Olivier! Moi non plus je n'ai pas de télé. A chaque fois que je le dis, mes copains poussent les hauts cris «Non! C'est pas vrai!» Mais je te dis que **la télé n'est pas nécessaire!** Les matchs? Il y a la radio. Les séries? Il y a des livres. Les films? Au cinéma, sur grand écran, sans «pub». **Ce n'est pas agréable de voir les films coupés par la pub à la télé.**

Patricia

Cher Olivier, moi, je pense que **la télévision est une invention «super»**. Il y a certaines émissions qui sont trop tard, mais avec un magnétoscope, on enregistre les films du soir et on les regarde le week-end. **Le magnétoscope, c'est génial!** On stoppe sur une image si on veut, et c'est possible de revenir en arrière. Et la publicité est vite passée: on pousse la touche «avance rapide». Bravo le magnétoscope!

Amandine

Moi, **je trouve la télé débile**. Les émissions sont trop souvent minables, il n'y a pas assez de bons films, et certaines pubs sont vraiment nulles.

Antoine

Olivier, dis à tes parents que la télévision est une formidable source d'informations, de distractions. De plus, **il y a de très bonnes émissions**, comme, par exemple, les reportages en langues étrangères. Et je trouve que **la pub, c'est cool**, c'est une chose fantastique!

Anne-Sophie

Olivier, les émissions ne sont pas toujours bien, mais je trouve que tes parents regardent trop le mauvais côté des choses! **Il y a des émissions instructives** de temps en temps. Il est vrai que les bons films sont rares, que la télévision a trop de publicités, et que certaines séries sont idiotes. **Mais si tu choisis des émissions intelligentes, la télé est une invention géniale!**

Claude

Moi, j'ai 16 ans, et je trouve que **la télé, c'est complètement idiot**. Mes parents la regardent le matin et le soir. Ils ne parlent pas, ils n'écoutent pas mon frère et moi, ils ne répondent pas à mes questions. Oui, je déteste la télé!

Ludovic

Et vous que pensez-vous de ces lettres?

La lettre de Patricia, par exemple: vous trouvez qu'elle est bien?

Mauvaise?

Comme ci comme ça?

Quelle lettre préférez-vous?

Pourquoi?

Quelles opinions trouvez-vous bonnes?

Invente des dialogues!

Le père de TéléGosse n'est pas content – et le grand-père n'est pas content non plus!
Le grand-père déteste la télé, la radio, les films, les disques, l'alcool et les cigarettes!
Invente deux dialogues:
Dans le premier dialogue le grand-père parle au garçon, et dans le deuxième, il parle au père.

Mécanique *de la langue française* 11

1 Combien?

*J'écoute la radio **une fois par semaine.***

*Je regarde la télé **deux heures par jour.***

*Je vais au cinéma **de temps en temps.***

*Je vois un film en vidéo **presque chaque jour.***

2 Qu'est-ce que tu aimes comme émissions?

Moi, j'adore les feuilletons! Dallas, c'est super!

Tu trouves? Moi, j'ai vu Dallas hier soir. J'ai trouvé ça débile.

Oui, c'était minable. Les feuilletons, bof, ça va. Mais je préfère les films.

En général	Au passé	
Je regarde/tu regardes	J'ai	regardé
J'écoute/tu écoutes	Tu as	écouté
Je vois/tu vois		vu
Je trouve/tu trouves		trouvé

3 Des opinions

Assez pauvre
mauvais
minable
moche

Zéro!
nul
idiot
débile
bête

Bof, ça va!
pas mal
comme ci comme ça

Assez bon
sympa
chouette
cool
bien
beau

Excellent!
super
superbe
extra
génial
formidable
fantastique

ennuyeux

drôle
rigolo
marrant

Temps libre

■ *Qu'est-ce que tu aimes faire pendant tes moments de libre?*

■ *Ce numéro est consacré à des idées loisirs – passe-temps, sports et sorties!*

Radio Ractive

Chanson
Le concert

Une petite chanson

Refrain:
Zut zut zut! Mais qui joue de la flûte?
C'est Romain: il la tient dans ses mains.

Bernard joue de la guitare,
Blandine de la mandoline,
Simon de l'accordéon,
Sébastien du tambourin.

Léon joue du violon,
Et Thibault du piano.
Simone du xylophone,
Isabelle du violoncelle.

Mathias joue des maracas,
Sophia joue de l'harmonica,
Elisabeth de la trompette,
Marinette de clochettes.

Théodore joue du cor
Et Olivier du clavier
Anne-Marie de la batterie,
Suzette de la clarinette.

Petites annonces
Qui veut un correspondant?

Caroline parle à huit jeunes gens qui cherchent des correspondants.
Les huit jeunes gens passent des annonces ici, dans Etoiles, aussi.

1   *Sandrine L (Oise)*
J'ai 12 ans et je voudrais correspondre avec une fille entre 12 et 16 ans. J'aime danser, la mode, la **musique** et je collectionne les timbres. J'aime aussi faire des promenades en vélo en forêt.

2   *Olivier Truffault (Gabon)*
J'ai 12 ans et demi et suis en 5ᵉ. Je cherche des correspondantes du monde entier. J'ai plusieurs passions comme faire du ping-pong, du tennis, aller au cinéma et je joue du piano, de l'harmonica et un peu de flûte. J'aime la musique classique et moderne, et les chats.

3   *Malte Juan Maraver (Espagne)*
Je suis une Espagnole de 18 ans. J'aimerais correspondre avec des jeunes de mon âge du monde entier. J'aime lire, écouter de la musique et surtout faire des excursions et voyager. Je collectionne les cartes postales et j'aimerais en échanger.

4   *Yan Ung (Val-de-Marne)*
Je suis une fille de 13 ans qui cherche des correspondantes de n'importe quel pays parlant français et ayant 13 ou 14 ans. Je suis une Japonaise qui habite en France. J'aime le sport (je pratique le tennis et la gym), les langues étrangères, la lecture, l'école et le cinéma. Je parle français et un peu anglais.

5   *François L.(Bas-Rhin)*
Salut! J'ai 12 ans et j'aimerais correspondre avec des filles ou des garçons de 11 à 14 ans, aimant la musique, le dessin, la philatélie, le cinéma, les voyages, lire, mais aussi la nature, la mer et l'archéologie.

6   *Stéphanie D. (Moselle)*
J'ai 13 ans et je voudrais correspondre avec des filles ou des garçons de mon âge aimant le tennis, la photo, les animaux (chiens), la danse moderne, le rap, le dessin, le théâtre et les sorties.

7   *Nicolas R. (Indre et Loire)*
J'ai 12 ans et j'aimerais correspondre avec un(e) correspondant(e). J'aime la nature, la lecture, la collection de timbres, la musique moderne (Roch Voisine, Patrick Bruel). Je voudrais correspondre avec des habitants du Canada, d'Angleterre, d'Australie, de France, des États-Unis. Je sais parler anglais et français.

8   *Estelle C. (Dordogne)*
Je suis une fille de 14 ans et j'aimerais correspondre avec des filles et des garçons de tous les âges et de tous les pays. J'ai les yeux marron-vert, les cheveux châtains jusqu'aux reins et je mesure 1,61m. Je parle français et allemand. J'aime la musique, surtout le rap, je pratique la gymnastique, la flûte traversière, j'adore lire, écrire, être avec des ami(e)s et me balader en ville, aller au ciné...

Feuilleton

Les Ados

Episode 12: «Pas de chance pour Dédé!»

Dédé veut monter un groupe de musique rock, pour une compétition dans l'émission *Etoiles de demain* samedi prochain. Il parle à sa soeur Marie-Isabelle et à ses copains Albert et Saïda...

1 *Dédé est enthousiaste – mais les autres trouvent des obstacles!*

2 *C'est samedi après-midi, mais on ne veut pas travailler la chanson avec Dédé.*

3 *L'émission est terminée – et c'était un désastre!*

JEUX

ON JOUE DE QUEL INSTRUMENT?

 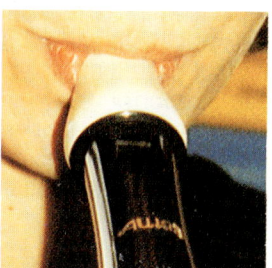

1 On joue du cor ou on joue du saxophone?

2 On joue de la flûte à bec ou on joue de la clarinette?

3 On joue de la flûte traversière ou on joue de la clarinette?

4 On joue du violon ou on joue du violoncelle?

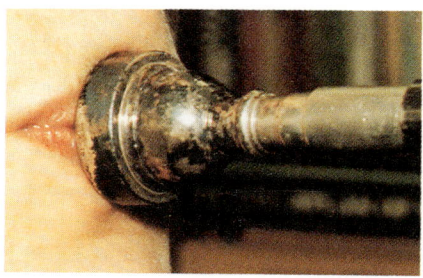 

5 On joue du saxophone ou on joue de la trompette?

6 On joue de la guitare ou on joue du violon?

 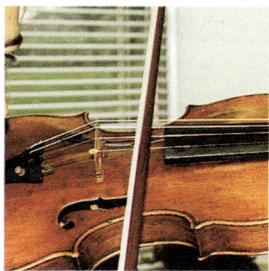

7 On joue du clavier ou on joue de l'accordéon?

8 On joue du violon ou on joue de la guitare?

Enquête sur les loisirs

Les grands-parents disent souvent:
«Ah, les jeunes gens d'aujourd'hui, ils
regardent la télé ou écoutent la radio tout
le temps! Ils n'ont pas de passe-temps, ils
ne font pas de musique, ils ne pratiquent
pas de sport!»
C'est vrai? On va voir!
Participe à cette enquête sur les loisirs.
Copie TOUTES les options qui sont vraies
pour toi.

A La musique

1 Tu joues **d'un instrument** de
   musique?

   Je joue **du piano**.
   Je joue **du violon**.
   Je joue **du saxophone**.
   Je joue **du cor**.
   Je joue **du synthétiseur**.
   Je joue **du clavier**.
   Je joue **de la guitare**.
   Je joue **de la trompette**.
   Je joue **de la batterie**.
   Je joue **de la flûte**.
   Je joue **de la flûte à bec**.
   Je joue **de la clarinette**.
   Je joue **d'un autre instrument**.
   Je ne joue pas **d'un instrument**.

2 Qu'est-ce que tu aimes comme
   musique?

   J'aime la musique classique.
      (l'opéra, la musique de chambre,
      les symphonies etc)

   J'aime la musique moderne.
      (le rap, le jazz, le pop, le rock, le
      hard etc)

   J'aime la musique traditionnelle.
      (le country, le folk, le western, le
      jazz etc)

   J'aime toutes sortes de musique.

   Je n'aime pas la musique.

B Les passe-temps

3 Qu'est-ce que tu aimes comme
   passe-temps (à part la télé et la
   radio)?

   J'aime lire.
   ☐ Je lis des livres.
   ☐ Je lis des magazines.

   J'aime faire des vêtements.
   ☐ Je sais coudre.
   ☐ Je sais tricoter.

   J'aime jouer.
   ☐ Je joue à des jeux.
   ☐ Je joue en famille.

   J'aime collectionner.
   ☐ Je collectionne les timbres.
   ☐ Je collectionne les cartes postales.
   ☐ Je collectionne beaucoup de
      choses.

   J'aime la musique.
   ☐ J'aime écouter de la musique.
   ☐ Je sais jouer de la musique.
   ☐ Je sais chanter.

   J'aime sortir.
   ☐ Je sors . . . . soirs par semaine.
   ☐ Je me balade en ville.
   ☐ J'aime bavarder avec des copains.
   ☐ J'aime danser.

   J'ai d'autres passe-temps.
   ☐ Je sais dessiner.
   ☐ J'aime écrire.
   ☐ J'aime . . .

   Je n'ai pas de passe-temps à part la
   télé et la radio.

C Les sports

4 Tu es sportif/sportive?

   J'aime pratiquer des sports.
   Je pratique le/la/l'/les . . . .
   Je m'entraîne le soir ou le week-end.
   J'aime courir.
   Je sais lancer le javelot ou le disque.
   Je sais nager.
   Je sais patiner.
   Je sais sauter.
   Je ne pratique pas de sports.

5 Quel est ton sport préféré? Pourquoi?

   Mon sport préféré, c'est le/la/l' . . .,
   parce que je trouve ça

amusant	idéal pour moi
beau	impressionnant
dangereux	physique
dur	rapide
fabuleux	spectaculaire
fantastique	tranquille

   Je n'ai pas de sport préféré.

D Le week-end dernier

6 Qu'est-ce que **tu as fait** pendant tes
   moments de libre samedi dernier?
   Et dimanche dernier?

   Je **suis resté(e)** à la maison.
   J'**ai regardé** la télé.
   J'**ai écouté** de la musique.
   J'**ai joué** d'un instrument.
   J'**ai joué** à des jeux.
   J'**ai lu** un livre ou un magazine.
   Je **suis sorti(e)**.
   Je **suis allé(e)** à un spectacle.
   J'**ai vu** un film au cinéma.
   J'**ai fait** une excursion.
   J'**ai pratiqué** un sport.
   J'**ai bavardé** avec des copains.

QUI JOUE DE QUOI?

Voici six enfants, Gérard, Lucie, Christophe, Sophie, Antoine et Angélique.
Tous les six jouent d'un instrument de musique. Mais qui joue de quoi?

Voici des indices:

- L'enfant qui joue de la batterie est à côté de l'enfant qui aime écrire.

- L'enfant qui joue du piano bavarde tout le temps.

- L'enfant qui joue de la trompette ne sait pas nager. Il ne sait pas tricoter non plus.

- L'enfant qui joue de la clarinette est entre l'enfant qui sait sauter et l'enfant qui sait dessiner.

- L'enfant qui joue de la flûte déteste écrire.

- L'enfant qui joue du cor ne pratique pas de sport.

1 Qui joue de la batterie?

2 Qui joue du piano?

3 Qui joue de la trompette?

4 Qui joue de la clarinette?

5 Qui joue de la flûte?

6 Qui joue du cor?

Les bons copains

Robert va chez le médecin

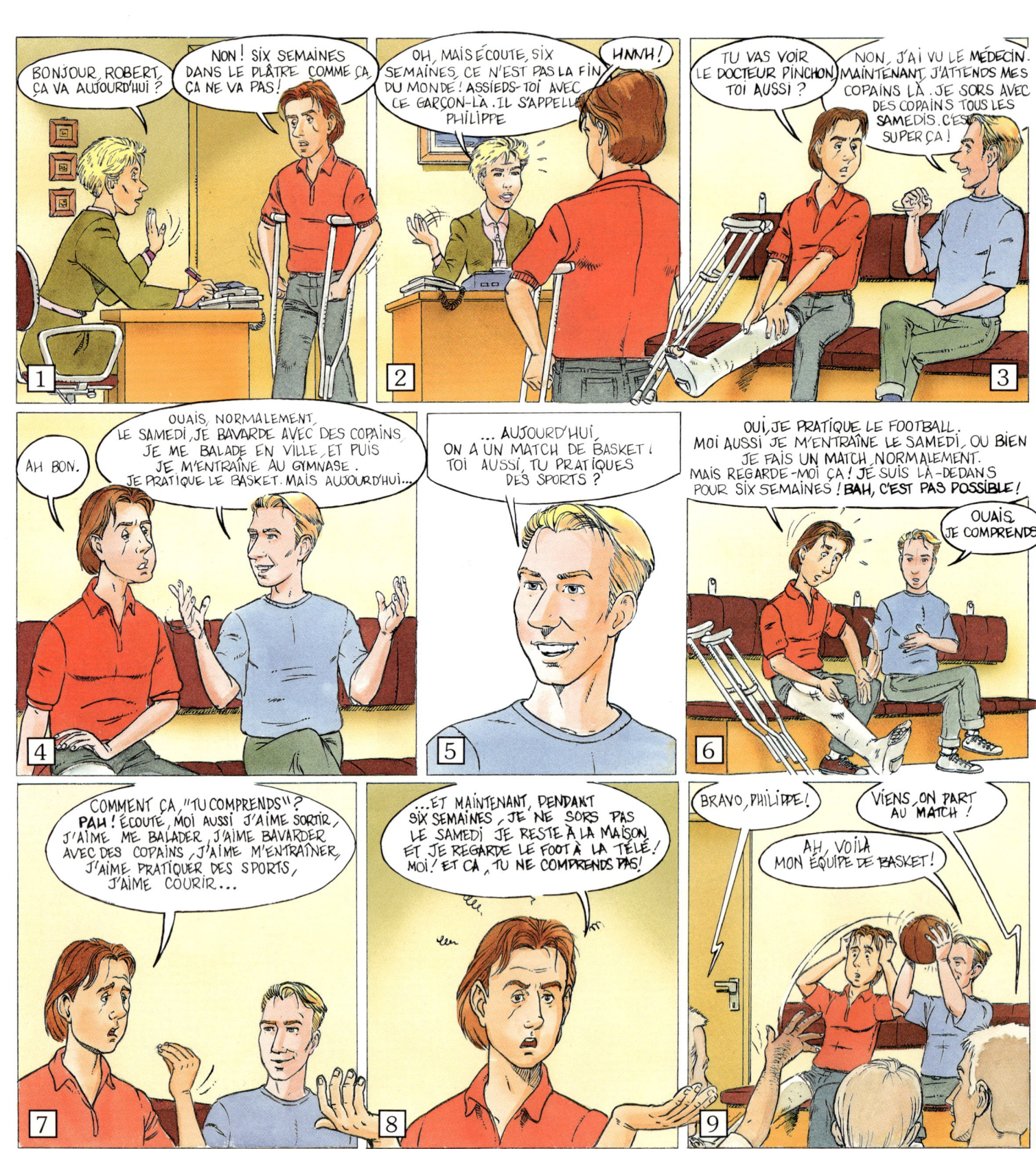

1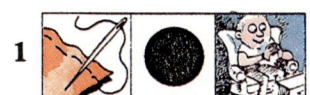

2

3

4

5

6

7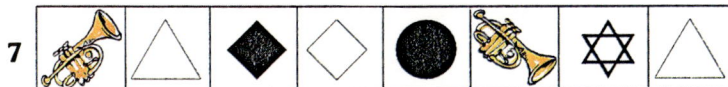

8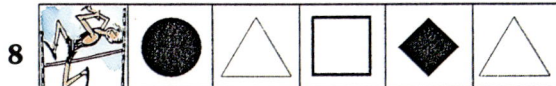

9

JEU DE CODES

Quels sont les mots **1** à **9**? Déchiffre le code!
Les mots sont tous sur la page 127.

- Remplace les images par les lettres initiales.

  Par exemple,  = **coudre** = C

  = **regarder** = R

- Remplace les symboles par des lettres.
  1 symbole = 1 lettre.

  Par exemple, ⬤ c'est quelle lettre?

Les champions

Comment est la vie d'un champion ou d'une championne?
Lis ces huit interviews avec des champions français.

La gym

Jenny Rolland a 15 ans. Cette jolie jeune fille blonde d' 1,53 mètre est vice-championne de France de gymnastique.

«Je suis en Seconde à l'Institut National des Sports. J'ai six heures d'entraînement par jour à l'Institut, presque tous les jours.

Je n'ai pas beaucoup de temps libre, mais j'ai d'autres avantages, par exemple les voyages que nous faisons pour les compétitions. Le voyage que j'ai préféré, c'est mon voyage en Chine. Nous sommes restés un mois là-bas. J'ai particulièrement aimé la Grande Muraille de Chine.

Pendant les compétitions, la présence du public m'encourage. Quand nous sommes en France, le public est «avec nous», c'est formidable! Quand nous sommes à l'étranger, c'est un peu plus difficile, parce que, très souvent, le public encourage les gymnastes du pays où se passe la compétition.

Faire de la gym, c'est dur, et j'ai des moments de découragement. Mais j'ai de beaux souvenirs aussi. Par exemple, aux championnats d'Europe j'ai terminé première aux barres asymétriques. Quand La Marseillaise a commencé, j'ai trouvé ça formidable! J'aimerais être championne du monde de gymnastique.»

Le décathlon: 10 sports en un

Christian Plaziat, champion d'Europe de décathlon, lance le javelot, le disque et le poids; il court le 1000 mètres, le 110 mètres haies, le 400 mètres et le 1500 mètres; il saute en hauteur, en longueur et à la perche!

«J'ai commencé l'athlétisme à 10 ans, et j'ai choisi le décathlon parce que je suis bon en tout: courir, lancer, et sauter.

Je m'entraîne six heures par jour, toute l'année. En hiver, je travaille l'endurance et la musculation. En été je fais des compétitions.

Je fais deux ou trois décathlons par an. Les compétitions demandent de très grands efforts pendant deux jours complets. Mais j'aime être avec le public et passer du temps sur un stade.»

Le patinage artistique

A 16 ans, Surya Bonaly est championne de France de patinage artistique.

«J'ai commencé le patinage à 2 ans et demi. J'ai pratiqué à peu près tous les sports: la gymnastique, la danse, la natation, le trampoline ... J'aimerais faire de la danse et de la gymnastique aussi. Eh bien – je n'ai pas le temps! En moyenne, je patine sept heures par jour.

En compétition, j'aime bien le contact avec le public. Quand on vient me demander un autographe, après une compétition, c'est un grand moment pour moi.»

Le basket

Frédéric Hufnagel, deux fois champion de France de basket, joue souvent en Equipe de France.

«Dès l'âge de 5–6 ans, j'ai joué au ballon avec mes camarades. Nous avons fait toutes sortes de jeux d'équipe. Mon père a joué dans une équipe de basket, et maintenant le basket est ma passion.

Le basket est un sport américain, et, comme tous les autres sports américains, le baseball par exemple, c'est un sport très tactique. Un match de basket est un spectacle.

La vie d'un basketteur est stricte. Je ne bois pas, je ne fume pas, je ne mange pas trop. Dans ma région, le Sud-Ouest, il y a beaucoup de bons vins et de spécialités: charcuterie, gâteaux ... Alors, c'est dur!

J'ai deux entraînements de deux heures par jour, et deux matches par semaine. Des fois, j'aimerais partir le week-end avec les copains, faire du ski ou aller à la mer – impossible, je n'ai pas de temps libre.

Mais j'aime beaucoup jouer en équipe nationale. J'aime les matches et la vie d'équipe. Je suis sorti de mon village, et j'ai visité beaucoup de pays.»

Le tennis

A 17 ans, Pascale Paradis était championne du monde junior.

«J'aimerais faire un sport d'équipe, du basket ou du volley, mais je suis trop indépendante. Le tennis, c'est vraiment le sport idéal pour moi parce que sur un court de tennis, on est seul.

A 13 ans, je suis venue à Paris pour aller à une école sport-études. C'était super: les copines, les voyages, les championnats!

Maintenant j'ai 24 ans. Pour le moment, je continue avec le tennis, mais plus tard j'aimerais me marier et fonder un club de tennis.»

Le parachutisme

**Nager et danser dans l'espace en toute sécurité!
Jérôme Bunker est membre d'une équipe championne du monde de parachutisme. Ce sport est sa passion.**

«Je suis venu au parachutisme par curiosité: à 12 ans, je suis allé à un club sur un aérodrome, mais j'étais trop jeune. A 16 ans – l'âge légal minimum – j'ai fait mon premier saut. Il n'est pas très naturel de sauter d'un avion! Mais les statistiques sur les accidents prouvent qu'il n'y a pas trop de risques, si on observe des règles de sécurité très strictes. Par exemple, un parachutiste est toujours équipé de deux parachutes.

Pour moi, le moment sensationnel c'est la «chute libre», quand on est sorti de l'avion et le parachute n'est pas encore ouvert. On descend à 200 kilomètres à l'heure!»

Le ski

Carole Merle, médaille d'argent du Slalom géant aux championnats du monde de ski, est née dans les Alpes.

«J'ai commencé le ski à l'âge de 2 ans. C'était tout naturel pour moi. Et puis, à 15 ans, je suis entrée en Equipe de France.

Voici l'entraînement de l'Equipe: en mai, nous avons un mois de vacances. En juin, on ne fait pas de ski, mais beaucoup de vélo. L'année dernière, par exemple, nous avons fait le tour de la Corse à vélo. Idéal pour les muscles des jambes!

En août nous faisons des compétitions dans l'Hémisphère Sud où il y a de la neige d'hiver. L'été dernier, les garçons sont allés en Australie. Nous, les filles, nous sommes parties en Argentine.

Mon plus grand moment, c'était ma médaille d'argent aux championnats du monde. C'était fabuleux, extraordinaire, un instant d'émotion intense, après des années d'efforts!»

La voile

Jean-François Fountaine est le capitaine de *Charente Maritime 2*, un catamaran énorme.

«J'habite à La Rochelle, un grand port, mais je suis né à Paris, bien loin de la mer! A 12 ans, j'ai commencé la voile sur une rivière. Puis j'ai fait des compétitions, et je suis arrivé 3e aux championnats du monde.

Mon bateau *Charente Maritime 2* est plus grand qu'un court de tennis! Son record de vitesse, c'est près de 70 kilomètres à l'heure. Cette fois-là, c'était impressionnant! Avec *Charente Maritime*, j'ai traversé l'Atlantique en moins de neuf jours.

Ce bateau-là est incroyablement rapide. S'il fait beau, c'est très agréable. Mais quand il fait du vent, c'est très physique. Il n'y a pas de confort sur *Charente Maritime 2*.

Mais c'est si beau! Il y a des nuits fabuleuses sous les étoiles!»

Que sais-tu sur les champions?

Lis les pages 120 à 123, et trouve les réponses des champions à ces questions.

1 *Jenny, quel voyage as-tu préféré?* — J...........

2 *Tu as terminé en quelle position aux championnats d'Europe?* — J...........

3 *Tu as trouvé ça comment, quand La Marseillaise a commencé?* — J...........

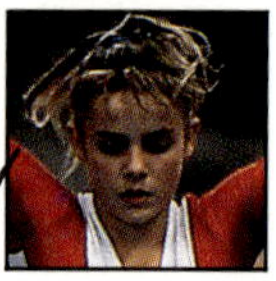

4 *Surya, tu as commencé le patinage à quel âge?* — J...........

5 *Tu as pratiqué quels sports?* — J...........

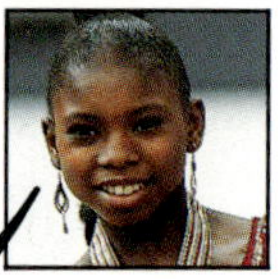

6 *Frédéric, pourquoi aimes-tu la vie d'équipe?* — J........... et j...........

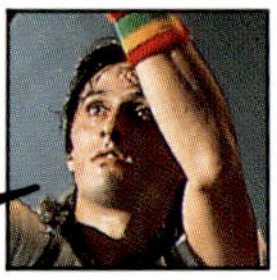

7 *Pascale, pourquoi es-tu venue à Paris?* — J...........

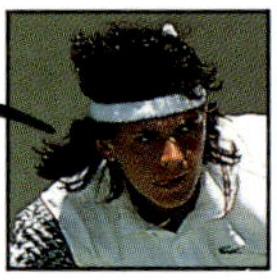

8 *Jérôme, où es-tu allé à 12 ans?* — J...........

9 *Qu'est-ce que tu as fait à 16 ans?* — J...........

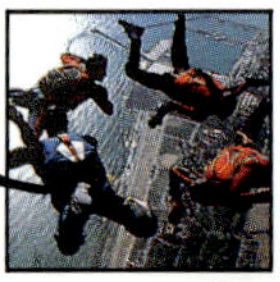

10 *Jean-François, où es-tu né?* — J...........

11 *Où as-tu commencé la voile?* — J...........

12 *Tu as traversé l'Atlantique en combien de jours?* — J...........

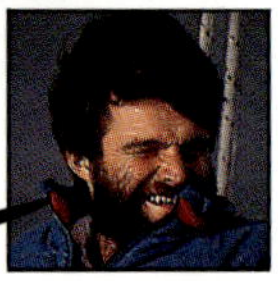

JEUX

QUI EST SORTI AVEC QUI?

Ces trois couples sont sortis samedi dernier; mais qui est sorti avec qui? Complète les phrases «Je suis sorti(e) avec ...» par le nom de la fille ou du garçon.

Qui sais-tu? 12/5/4; Qui est sorti? 12/5/5

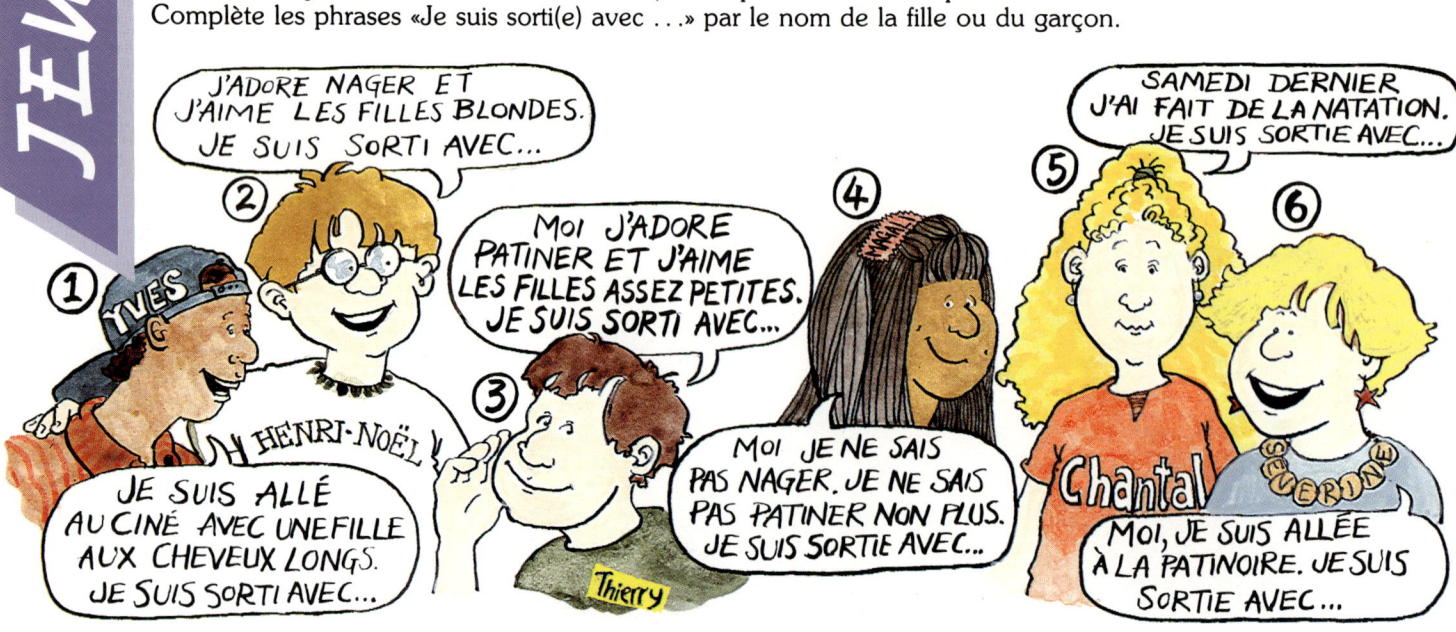

LES SPORTS

Pendant cette émission, vous allez voir des sports de toutes sortes.

Je m'entraîne avec des machines au gymnase.

La danse classique

L'équipe d'Ici Paris est allée à un cours de danse classique à la Cité de la Musique à la Villette.

Hélène a un cours de danse combien de fois par semaine? Muriel a commencé la danse classique à quel âge? Et Mireille?

Tu fais du sport?

Voilà la question qu'on a posée à Marie, Bertrand, Philippe, Alexandre, Patricia, Nicolas et Sabrina.
Ils pratiquent le vélo, le basket, le football, le tennis, la natation, l'athlétisme, le volleyball et la gymnastique.
Qui aime quoi? Regardez les interviews!

J'adore faire du ??? et rouler à toute vitesse!

Le ??? surtout. Je joue aussi au ???. Je ???.

J'ai fait du ??? un peu pendant un an.

Mon sport préféré, c'est le ???.

Le skateboard

Jean et Sirine sont allés à la place du Trocadéro, près de la Tour Eiffel, pour regarder le championnat de France de skateboard et l'Open de Paris.

Je m'appelle Pierre-Etienne. Je fais du skateboard depuis deux ans et demi. Rouler – je trouve ça magique!

Quel âge a Pierre-Etienne? Il fait du skateboard combien de jours par semaine? Il s'entraîne combien d'heures par jour?

L'inspecteur Migraine

cherché un assassin

Police? Je travaille chez M. Fabien, dans un appartement du rez-de-chaussée. J'ai trouvé M. Fabien mort dans sa chambre!

J'ai trouvé la fenêtre cassée ce matin.

Aha! De l'huile - et des empreintes! C'est Charlot, un voleur du quartier!

Allô, ici l'inspecteur Migraine. Arrêtez Charlot!

Voici le séjour. La commode est ouverte.

La collection de timbres rares de M. Fabien était ici, avec ses clubs de golf. Mais la collection a disparu!

Et voilà le pauvre M. Fabien!

Et un club de golf! Bon, je vais faire un dessin.

LIT · M. FABIEN · PLACARD · CHAMBRE · GARDE-ROBE · CUISINIÈRE · FRIGO · ARMOIRE · SÉJOUR · CUISINE · TABLE · COMMODE · CHAISE

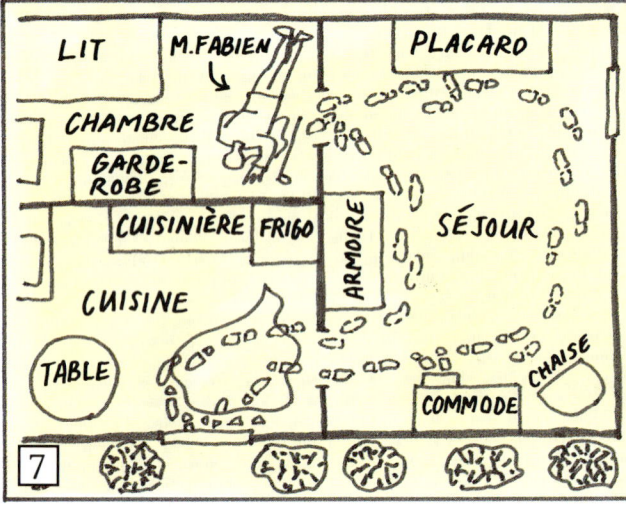

Eh bien, Charlot?

Voici mes déclarations.

① Je suis entré chez M. Fabien pendant la nuit par la fenêtre de la cuisine.

② Je suis entré dans le séjour, et je suis allé à la commode.

③ J'ai fait le tour du séjour.

④ J'ai regardé dans le placard.

⑤ La collection de timbres n'était pas là.

⑥ Quand j'étais devant le placard, j'ai vu M. Fabien dans la chambre. Il était mort.

⑦ Je suis resté dans le séjour.

⑧ Je ne suis pas entré dans la chambre. Je suis sorti de la maison, très vite.

⑨ Je suis innocent!

Tu es bon(ne) détective? Trouve la solution du mystère …

L'inspecteur Migraine sait si Charlot est innocent. Et toi, qu'est-ce que tu en penses? Regarde les déclarations **1** à **9**, et décide pour chaque déclaration: **C'est vrai, C'est faux**, ou **On ne sait pas**.

1 Tu joues d'un instrument?

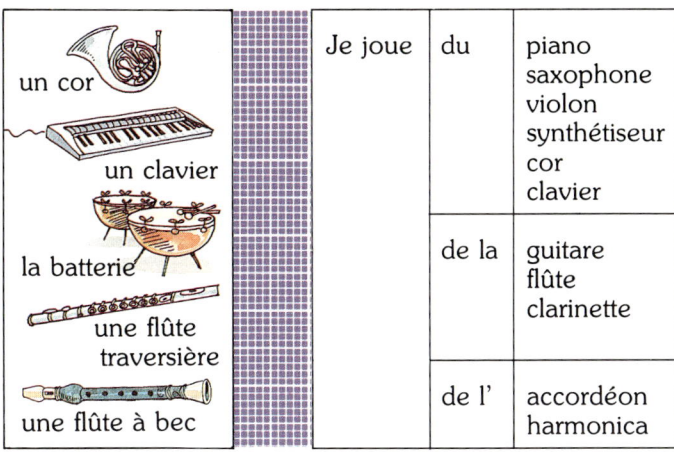

Je joue	du	piano saxophone violon synthétiseur cor clavier
	de la	guitare flûte clarinette
	de l'	accordéon harmonica

un cor
un clavier
la batterie
une flûte traversière
une flûte à bec

2 Je sais...

Je sais tricoter.

Je ne sais pas nager.

Je sais courir.

Je ne sais pas patiner.

| Je sais
J'aime
J'aimerais | ... **er** (exemples: saut**er**, lanc**er**)
... **re** (exemple: coud**re**)
... **ir** (exemple: sort**ir**) |

... er	**En général** **je ... e**	**Au passé** **j'ai ... é**
bavard**er**	je bavard**e**	j'ai bavard**é**
collection**er**	je collectionn**e**	j'ai collection**é**
dans**er**	je dans**e**	j'ai dans**é**
dessin**er**	je dessin**e**	j'ai dessin**é**
jou**er**	je jou**e**	j'ai jou**é**
pratiqu**er**	je pratiqu**e**	j'ai pratiqu**é**
regard**er**	je regard**e**	j'ai regard**é**

Attention! C'est différent!		
faire	je **fais**	j'ai **fait**
lire	je **lis**	j'ai **lu**
voir	je **vois**	j'ai **vu**
sortir	je **sors**	je **suis sorti(e)**
aller	je **vais**	je **suis allé(e)**

3 J'aimerais....

LE SAMEDI EN GÉNÉRAL, JE SORS, JE ME BALADE EN VILLE, JE M'ENTRAÎNE AU GYMNASE!

MOI AUSSI, J'AIMERAIS SORTIR, J'AIMERAIS ME BALADER, J'AIMERAIS M'ENTRAÎNER!

4 Au passé

SAMEDI DERNIER J'AI FAIT DE LA NATATION. JE SUIS SORTIE AVEC...

MOI, JE SUIS ALLÉE À LA PATINOIRE. JE SUIS SORTIE AVEC...

5 Opinions sur les sports

LE SKI, C'EST FABULEUX, FANTASTIQUE!

LE PARACHUTISME, C'EST IMPRESSIONNANT, SPECTACULAIRE!

LA GYM, C'EST DUR!

LE TENNIS, C'EST IDÉAL POUR MOI.

Tu es en forme?

☐ *Voici un numéro consacré à ta forme:*
exercice, nourriture, santé.

JEUX

QUE SAIS-TU SUR LE CORPS HUMAIN?

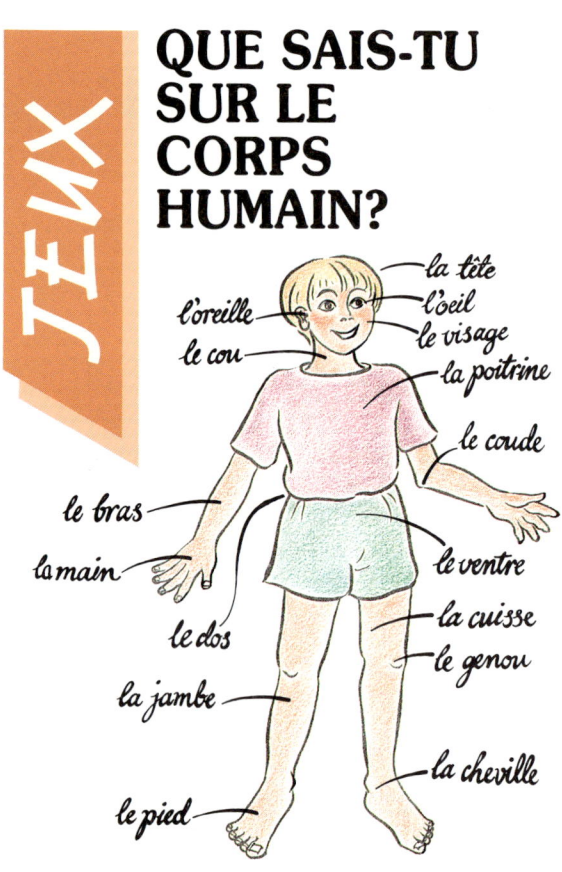

la tête
l'œil
l'oreille
le visage
le cou
la poitrine
le coude
le bras
le ventre
la main
le dos
la cuisse
le genou
la jambe
la cheville
le pied

L'EXERCICE

Lis ces descriptions de sports **1** à **5**:

1 C'est un bon sport pour les jambes surtout.
2 C'est excellent pour les muscles des bras, du dos et du ventre.
3 C'est un sport excellent, parce que tous les muscles travaillent.
4 C'est un sport qui développe la coordination. Les muscles ne travaillent pas beaucoup.
5 C'est un sport qui développe les muscles du dos et des bras. C'est idéal si l'on aime se balader en plein air.

Quel sport correspond à chaque description?
le canoë-kayak   le cyclisme   l'équitation
le golf   la natation

LA MUSCULATION

Est-ce que tu voudrais être fort et musclé?
C'est possible mais il faut travailler!
Il existe beaucoup de machines pour développer les muscles, par exemple:

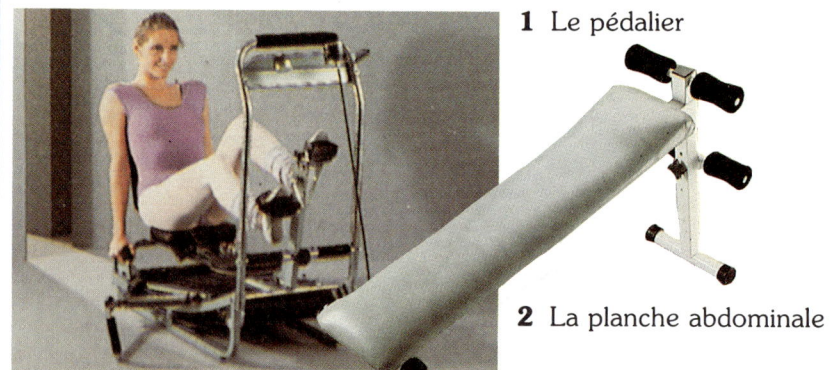

1 Le pédalier

2 La planche abdominale

3 Le biceps exerciseur

4 Le butterfly

5 Le rameur

Choisis **a**, **b**, **c**, **d** ou **e**:
Les 'instruments de torture' **1** à **5** travaillent les muscles dans . . .
a le ventre.
b les jambes.
c les bras, les épaules et le dos.
d les bras et la poitrine.
e la poitrine, le dos, les jambes et les bras.

DANS TON CORPS

Sais-tu répondre à ces questions sur le corps humain?

Exemple Où est le crâne? **Dans la tête**.

1 Où est le crâne?

2 Où sont les vertèbres?

3 Où sont les intestins et le côlon?

4 Où est le biceps?

5 Où sont les poumons?

6 Où est le fémur?

7 Où sont l'œsophage et la trachée?

1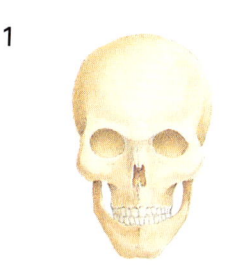

3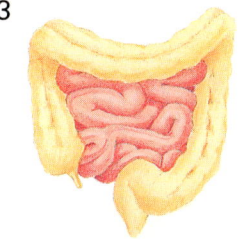

5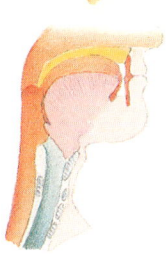

7

TON CERVEAU

Le cerveau est une sorte de super-ordinateur.
Voici un plan de ton cerveau.

1 Tu manges. Ici le cerveau analyse le goût: c'est bon? C'est mauvais?

3 Tu t'approches d''une fleur. Ça sent bon! Ici le cerveau reconnaît le parfum: ah, c'est une rose!

4 Tu écoutes de la musique ou une conversation. Ici le cerveau comprend les sons.

2 Tu caresses ton chat. Cette stimulation arrive ici, où le cerveau décode les sensations de chaque partie du corps.

5 Tu lis un livre. Les images des mots arrivent ici, où le cerveau déchiffre le texte.

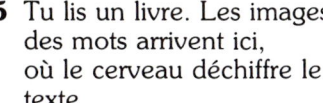

Quelle partie du corps correspond aux opérations **1** à **5** du cerveau?

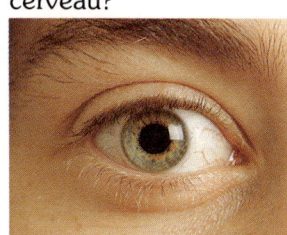

l'œil

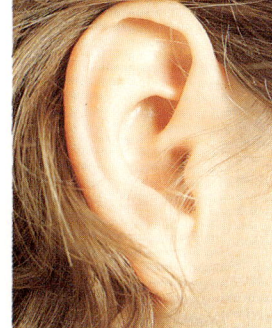

l'oreille

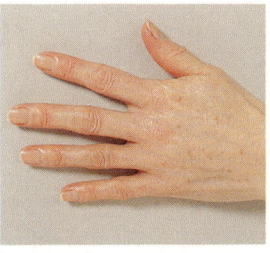

la peau – une enveloppe qui protège tout le corps.

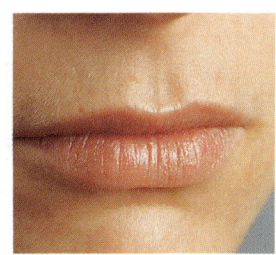

la bouche

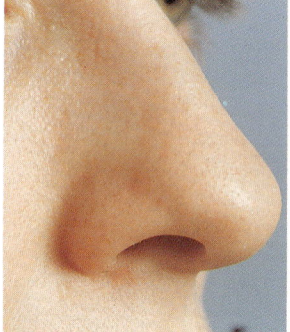

le nez

La journée du médecin

adio Active

Jeu

Questions, questions!

Encore une édition du jeu populaire où Jean-Pierre Dubois pose trois questions à un garçon et une fille dans le studio de *Radio Active*.

Aujourd'hui les questions sont sur le corps humain.

Chanson

Savez-vous planter les choux?

Voici une chanson traditionnelle, très ancienne. Avant l'arrivée de la pomme de terre de l'Amérique, le chou était le légume principal en Europe. Bien planter les choux, c'était essentiel.

Savez-vous planter les choux,
A la mode, à la mode,
Savez-vous planter les choux,
A la mode de chez nous?

On les plante avec la main,
A la mode, à la mode,
On les plante avec la main,
A la mode de chez nous!

On les plante avec le pied …

On les plante avec le genou …

On les plante avec le coude …

On les plante avec le nez …

On les plante avec la tête …

MICRO MOBILE

une maison ultra-moderne!

Jean-Pierre fait la visite d'une maison très très moderne, très différente: elle n'a pas de fenêtres! L'architecte, Serge Berthelot, préfère la lumière artificielle.

Trouve le résultat et la cause de chaque accident!
Exemple 1d. Il a mal **à la tête**, à cause de **la lampe.**

1 Il a mal à la . . .

2 Il a mal au . . .   3 Il a mal au . . .

4 Il a mal au . . .

5 Il a mal à la . . .   6 Il a mal au . . .   7 Il a mal à la . . .

Mais quand l'électricité est en panne – oh là! Après la visite, Jean-Pierre a mal un peu partout.

a à cause de la chaise.   f à cause du radiateur.

b à cause de l'escalier.   g à cause du vase.

c à cause du fauteuil.

d à cause de la lampe.

e à cause de la petite table.

Chanson
Mon âne

des souliers lilas* –
des chaussures violettes
mal à l'estomac* =
mal au ventre

1 Mon âne, mon âne a bien mal à sa tête:
  Madame lui fait faire un bonnet pour sa fête.
  Un bonnet pour sa fête
  Et des souliers lilas, la la, et des souliers lilas!*

2 Mon âne, mon âne a bien mal aux oreilles:
  Madame lui fait faire du sirop en bouteille.

  Du sirop en bouteille,
  Un bonnet pour sa fête,
  Et des souliers lilas, la la, et des souliers lilas!

3 Mon âne, mon âne a bien mal à ses yeux:
  Madame lui fait faire une paire de lunettes bleues

4 Mon âne, mon âne a bien mal à son nez:
  Madame lui fait faire un joli cache-nez . . .

5 Mon âne, mon âne a mal à l'estomac*:
Madame lui fait faire un bol de chocolat …

6 Mon âne, mon âne a bien mal à son dos:
Madame lui fait faire un beau blouson tout
chaud …

7 Mon âne, mon âne a
mal à tout son corps:
Madame arrive trop
tard, oh – mon âne il est
mort!

Mon âne il est mort!
Avec son blouson tout chaud,
Son bol de chocolat,
Son joli cache-nez,
Sa paire de lunettes bleues,
Son sirop en bouteille,
Son bonnet pour sa fête,
Et ses souliers lilas, la la, et ses souliers lilas!

Feuilleton

Les Ados

Episode 13: Il ne faut pas taper sur une petite cousine!

La semaine dernière, Dédé a participé à une compétition pour
des groupes de musique rock, mais son groupe a terminé dernier
dans la compétition. Quand Saïda arrive chez les Latour, elle
trouve Dédé sur le canapé du séjour …

1 *Dédé dit qu'il est fatigué et malade. Il a mal aux jambes, au dos
et à la tête!*

2 *Leïla, la cousine de Saïda, est arrivée. Elle est insupportable!*

3 *Une semaine plus tard, c'est Saïda qui est fatiguée et malade!*

Enquête: la forme et toi!

Tu es en pleine forme: dynamique, plein d'énergie, en bonne condition, 'bien dans ta peau'?
Pour avoir la forme, qu'est-ce qu'il faut faire? Voici un petit jeu-test.

A La santé

Que sais-tu sur la santé?
Voici huit problèmes et huit solutions.
Trouve la solution qui correspond à chaque problème.

Exemple 1d

PROBLEMES

1 J'ai des boutons.

2 J'ai souvent mal à la tête.

3 Je suis trop petit(e) pour mon âge.

4 J'ai mal au ventre après les repas.

5 Je n'ai pas d'énergie pendant la journée.

6 Le soir, je suis trop fatigué(e) pour faire mes devoirs.

7 Je me brosse les dents deux fois par jour, mais j'ai souvent mal aux dents.

8 Je voudrais être végétarien(ne), mais je sais qu'il y a beaucoup de protéines dans la viande.

SOLUTIONS

a Il faut prendre un petit déjeuner complet.

b Il faut manger beaucoup d'œufs et de fromage, parce qu'ils sont riches en protéines.

c Il faut trouver le bon moment pour travailler – le matin, ou l'après-midi, peut-être.

d Il faut chercher en pharmacie un produit pour la peau, et il ne faut pas trop toucher au visage.

e Il faut manger lentement, et il ne faut pas prendre trop de matières grasses (beurre et huile).

f Il faut acheter des bonbons et des boissons sans sucre – eh oui, cela existe! – et il faut aller régulièrement chez le dentiste.

g Il faut consulter un médecin généraliste, et aussi un ophtalmologiste (un médecin spécialiste des yeux).

h Il faut prendre des produits riches en vitamine D – le lait, le fromage, le yaourt – et il faut aller en plein air quand il y a du soleil, parce que le soleil et la vitamine D aident le corps à absorber le calcium nécessaire.

B La forme

Qu'est-ce que tu as fait samedi dernier pour être en forme?

Exemple *J'ai fait de l'exercice.*

ROUTINE
J'ai dormi 10 heures cette nuit.
J'ai passé deux heures en plein air.

EXERCICE
J'ai pratiqué du sport.
J'ai fait de l'exercice.
J'ai nagé.
J'ai fait une promenade à pied.
J'ai couru dans le jardin public.

NOURRITURE
J'ai pris un petit déjeuner complet.
J'ai mangé des légumes verts.
Je n'ai pas mangé de gâteaux.
J'ai bu de l'eau pure.
Je n'ai pas bu trop de boissons sucrées.

Miam! Bien sucré!

Tu aimes ta pizza, ou tes hamburgers avec combien de sucre, toi?!

Tu es allé dans un restaurant «fastfood» le week-end dernier? Eh bien, regarde ce petit schéma et calcule combien de sucre tu as pris!

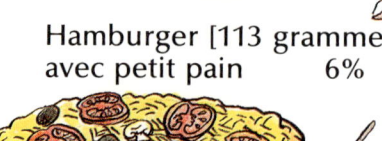

Hamburger [113 grammes] avec petit pain   6%

Une pizza au fromage et à la tomate   3%

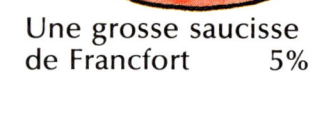

Une grosse saucisse de Francfort   5%

Tarte aux pommes   15%

Un petit milkshake   8–12%
Un grand milkshake   8–12%

Un grand coca   11%

---

1 J'ai mal...

J'ai faim.

J'ai soif.

Je suis fatigué(e).

Je suis malade.

Je suis en forme

J'ai mal	au	genou, bras, dos, pied, ventre, coude
	à la	jambe, main, tête
	à l'	oreille, œil
	aux	dents, yeux

le dos	mal **au** dos
la main	mal **à la** main
l'œil	mal **à l'**œil
les dents	mal **aux** dents

2 Il faut, Il ne faut pas

Il faut tourner à droite.

Il faut prendre la première à droite.

Il ne faut pas tourner à gauche.

Il ne faut pas entrer.

Il faut ... er, ... ir, ... re	Au passé J'ai ... é
Il faut boug**er** frapp**er** touch**er**	j'**ai** boug**é** j'**ai** frapp**é** j'**ai** touch**é**
	Attention!:
tomber **dormir** **finir** **courir** **boire** **prendre**	je **suis tombé(e)** j'**ai dormi** j'**ai fini** j'**ai couru** j'**ai bu** j'**ai pris**

Liberté, égalité?

Jeu

C'est quel animal?

Jean-Pierre Dubois pose huit questions sur les animaux.
Regardez les huit dessins d'animaux, écoutez les huit descriptions, et identifiez les animaux!

a une taupe

b un pingouin

c un perroquet

d une autruche

e un serpent

f une araignée

g une chauve-souris

h une poule

Et voilà une question supplémentaire sur les animaux:
Quel animal peut sauter plus haut que la Tour Eiffel?
(Réponse en bas de la page)

Tous les animaux, parce que la Tour Eiffel ne peut pas sauter!

Série

Les Ados

Episode 14: La grosse panique!

Ce soir, Dédé et Jojo Lafitte, le manager, sont dans le bar de la Maison des Jeunes. Dédé travaille, mais Jojo ne travaille pas – comme d'habitude. Albert arrive . . .

Dédé

Guy

Grégoire   Rosie

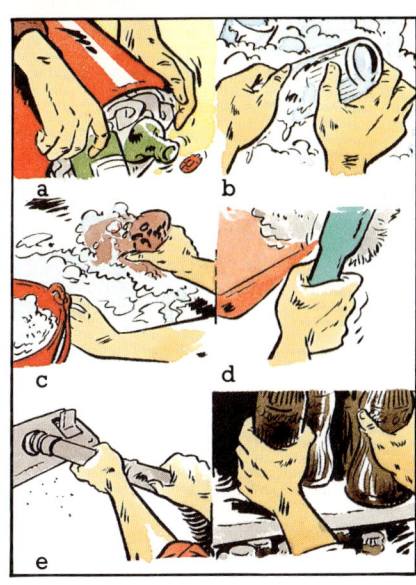

Après un coup de téléphone mystérieux, qu'est-ce que Dédé doit faire? Et Guy? Et Grégoire? Et Rosie?

LE JEU DES CONTOURS

Regarde la carte d'un village. Dans le village il y a des vallées et des collines, indiquées par les lignes des contours. Pierre, Anne, Jean-Luc, Béatrice, Benjamin et Sabine sont dans le village-mais où exactement?
Qui est . . .

au camping   à l'hôtel
à la piscine   devant le réservoir
à l'hôpital   au château

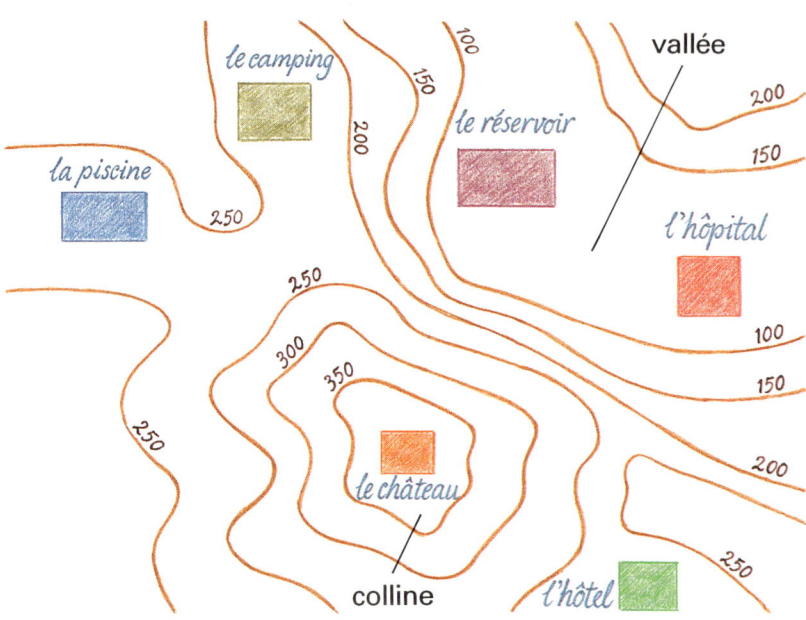

Qui est où?

1 Pierre peut voir le camping, le château et l'hôpital; il ne peut pas voir la piscine ni l'hôtel. Il est . . .

2 Anne ne peut pas voir l'hôtel, mais elle peut voir le réservoir, le camping, le château et la piscine. Elle est . . .

3 Jean-Luc peut voir le château, mais il ne peut pas voir la piscine, le camping, le réservoir ni l'hôpital. Il est . . .

4 Béatrice peut tout voir. Elle est . . .

5 Benjamin peut voir le réservoir, le château, et l'hôpital, mais il ne peut pas voir l'hôtel ni la piscine. Il est . . .

6 Sabine peut voir l'hôpital et le château, mais elle ne peut pas voir le camping, le réservoir ni l'hôtel. Elle est . . .

LE JEU DES PANNEAUX

Que sais-tu sur la signalisation routière?
Pour les phrases 1 à 10, trouve un panneau a à j.

Exemple: 1c.
Attention!
Je peux . . . = J'ai la possibilité de . . . (si je veux).
Je dois . . . = il faut . . . (c'est nécessaire ou obligatoire).

1 Je peux continuer tout droit.
2 Je dois continuer tout droit.
3 Je ne peux pas continuer tout droit.
4 Je dois tourner à gauche.
5 Je ne peux pas tourner à gauche.
6 Je dois m'arrêter ici.
7 Je peux m'arrêter ici.
8 Je dois quitter l'autoroute.
9 Je peux quitter l'autoroute.
10 Je dois prendre la première rue à droite.

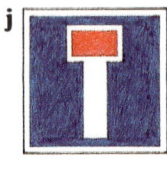

A ton collège, est-ce qu'on doit faire du sport?
Quels sports dois-tu faire en été? Et en hiver?
Quels autres sports peux-tu faire en option, si tu veux?

UNE HISTOIRE VRAIE EN DEUX EPISODES

LOUIS BRAILLE
l'enfant de la nuit.

1ER EPISODE: LE PETIT BRAILLE

LOUIS BRAILLE HABITE DANS UN VILLAGE. SON PÈRE FAIT DES ARTICLES EN CUIR POUR LES CHEVAUX.

LOUIS, TU NE DOIS PAS TOUCHER À ÇA — C'EST TROP DANGEREUX POUR UN ENFANT DE TROIS ANS.

CE N'EST PAS JUSTE! JE NE SUIS PAS TROP PETIT, MOI!

UN JOUR EN 1812, SON PÈRE EST ABSENT, ET SA MÈRE TRAVAILLE DANS LE JARDIN.

JE M'ENNUIE! QU'EST-CE QUE JE PEUX FAIRE?

JE PEUX TRAVAILLER DU CUIR POUR PAPA!

MAIS IL A UN TERRIBLE ACCIDENT.

AIE! MAMAN, MAMAN, J'AI MAL À L'OEIL!

LOUIS, TU NE DOIS PAS TOUCHER À L'OEIL INFECTÉ!

MAIS LOUIS TOUCHE À SES YEUX, ET DANS QUELQUES JOURS L'AUTRE OEIL EST INFECTÉ AUSSI.

LOUIS PLEURE; IL NE COMPREND PAS POURQUOI IL NE PEUT PAS VOIR.

MAMAN, TOUT EST GRIS! JE NE PEUX PAS VOIR LES COULEURS! OÙ EST LE SOLEIL? POURQUOI C'EST TOUJOURS LA NUIT?

LOUIS EST BIENTÔT AVEUGLE.

ATTENTION À LA TABLE, LOUIS! ARRÊTE!

NON, IL NE FAUT PAS TROP AIDER LOUIS!

AIE! J'AI MAL!

LOUIS DOIT TOMBER. C'EST DUR, MAIS COMME ÇA IL VA ÊTRE PLUS INDÉPENDANT PLUS TARD.

LOUIS, TU AS SIX ANS. TU PEUX AIDER TON FRÈRE À NETTOYER LE CUIR.

ET TU DOIS AIDER TA MÈRE. TU DOIS METTRE LA TABLE, ET TU DOIS ALLER CHERCHER DE L'EAU.

LOUIS AIME FAIRE LES COURSES POUR SES PARENTS. MAIS IL EST TRISTE, PARCE QU'IL VEUT ALLER À L'ÉCOLE.

MMM, ÇA SENT BON! JE DOIS ÊTRE PRÈS DE LA BOULANGERIE.

CE PAUVRE LOUIS BRAILLE! IL VOUDRAIT LIRE ET ÉCRIRE, MAIS UN AVEUGLE NE PEUT PAS ALLER À L'ÉCOLE.

ET QU'EST-CE QU'IL VA FAIRE PLUS TARD? UN AVEUGLE NE PEUT PAS TRAVAILLER. QUELLE PITIÉ!

LE CURÉ DU VILLAGE VOUDRAIT AIDER LOUIS, PARCE QU'IL AIME LE PETIT GARÇON COURAGEUX.

J'AI UNE IDÉE. TU AIMERAIS VENIR CHEZ MOI POUR DES LEÇONS TROIS FOIS PAR SEMAINE?

SI J'AIMERAIS!

10

LOUIS ADORE SES LEÇONS, MAIS LE CURÉ N'EST PAS PROFESSEUR.

POURQUOI? POURQUOI?

LOUIS, JE NE PEUX PAS RÉPONDRE À TES QUESTIONS! JE DOIS TROUVER UNE ÉCOLE POUR TOI.

11

EST-CE QUE LOUIS BRAILLE PEUT VENIR ICI COMME ÉLÈVE?

12

UN ÉLÈVE AVEUGLE? NON! C'EST IMPOSSIBLE!

L'INSTITUTEUR DE L'ÉCOLE DU VILLAGE REFUSE D'ABORD...

...MAIS LE CURÉ INSISTE.

IL EST INTELLIGENT ET IL A UNE TRÈS BONNE MÉMOIRE.

OH, BON, ALORS, IL PEUT VENIR.

13

À L'ÉCOLE, LES JOURNÉES SONT TRÈS LONGUES—DE 8 HEURES DU MATIN JUSQU'À 5 HEURES DU SOIR. LES AUTRES ÉLÈVES NE FONT PAS TOUJOURS ATTENTION. MAIS LOUIS EST SAGE.

LOUIS TRAVAILLE BIEN. J'EN SUIS CONTENT. IL NE PEUT PAS LIRE ET ÉCRIRE, MAIS IL PEUT ÉCOUTER.

14

LOUIS A 10 ANS MAINTENANT.

IL FAUT TROUVER UNE AUTRE ÉCOLE POUR LOUIS. IL EST TROP GRAND POUR L'ÉCOLE DU VILLAGE.

JE VAIS ÉCRIRE À L'INSTITUT ROYAL POUR ENFANTS AVEUGLES.

15

M. ET MME BRAILLE, VOILÀ LA RÉPONSE! LOUIS PEUT ALLER À L'INSTITUT ROYAL À PARIS!

MAIS IL EST HEUREUX ICI! J'AI PEUR POUR MON FILS.

PARIS EST LOIN D'ICI. IL DOIT RESTER EN VILLE PENDANT DES MOIS!

MAIS JE PEUX RENTRER À LA MAISON POUR LES VACANCES D'ÉTÉ! OH PAPA, S'IL TE PLAÎT!

16

ALORS, LOUIS PART POUR PARIS. MAIS LES PREMIERS JOURS IL EST TRÈS TRISTE.

IL Y A TROP D'ÉLÈVES ET TROP DE BRUIT! JE SUIS FATIGUÉ MAIS JE NE PEUX PAS DORMIR.

TU PLEURES, LOUIS? TU ES TRISTE?

J'AI PEUR ICI! L'ÉCOLE EST SI GRANDE! ET PUIS, À LA CAMPAGNE JE PEUX ME PROMENER AU GRAND AIR, MAIS EN VILLE TOUT EST SALE ET BRUYANT!

17

18

NE PLEURE PAS, LOUIS. MOI AUSSI, J'ÉTAIS TRISTE QUAND JE SUIS ARRIVÉ. MAIS ÇA VA PASSER.

C'EST VRAI?

OUI, C'EST VRAI. DORS MAINTENANT. BONNE NUIT!

LOUIS SOURIT UN PEU, PARCE QU'IL A UN AMI. MAIS IL VA TROUVER BEAUCOUP DE DIFFICULTÉS À L'INSTITUT...   A SUIVRE...

L'histoire de Louis Braille

Que sais-tu sur le petit Louis Braille?
Lis l'histoire aux pages 142 et 143, et complète les phrases 1 à 7.
Il y a beaucoup de bonnes réponses.

1 Quand il est bébé,	il peut	voir.
		aider sa mère.
2 A trois ans,	il ne peut pas	lire.
		écouter.
3 A six ans,	il doit	aller à l'école.
		faire les courses.
4 Dans le village,	il ne doit pas	marcher avec une canne.
		aller à une autre école.
5 A l'école du village,		se promener.
		dormir.
6 A dix ans,		nettoyer le cuir.
		rester en ville pendant des mois.
7 Quand il arrive à Paris,		écrire.
		aider son père.

LA LIBERTE DES JEUNES

Regardez Fatima et Jovan à Belleville.

L'ARGENT DE POCHE

On pose la question «Est-ce que tes parents te donnent de l'argent de poche?» à Marie, à Philippe, à Alexandre, à Patricia et à Constance.

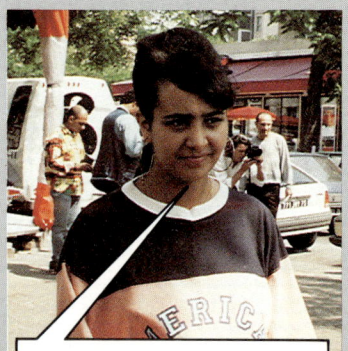

En général, les jeunes de mon âge disent qu'ils n'ont pas assez de liberté.

Je n'aime pas me lever pour aller à l'école! Je préfère rester au lit jusqu'à midi!

Je reçois 50 francs en argent de poche par mois.

Mes parents me donnent 100 francs d'argent de poche tous les mois.

Mes parents ne me donnent pas régulièrement de l'argent de poche.

Qui dit . . ?.

1 «Je peux me promener après les cours.»
2 «Le week-end, je peux faire du sport.»
3 «Je peux me balader avec mes amis.»
4 «Je dois être chez moi avant la nuit.»
5 «Je ne dois pas rentrer à la maison trop tard.»

Et toi? Qu'est-ce que tu peux faire?
Qu'est-ce que tu dois faire?
Qu'est-ce que tu ne dois pas faire?

1 Qui reçoit de l'argent à la fin de l'année, si elle passe en classe supérieure?
2 Qui reçoit de l'argent quand il tond la pelouse (dans le jardin)?
3 Qui reçoit de l'argent de temps en temps?
4 Qui reçoit de l'argent surtout pour les anniversaires ou à Noël?
5 Qui dit «Ça dépend»?
6 Qui dit «Ça me suffit»?
7 Qui dit «Il n'y a pas de problème»?

Et toi? Tu reçois de l'argent de poche régulièrement, ou de temps en temps, ou ça dépend? Ça te suffit? Tu trouves qu'il n'y a pas de problème?

Enquête sur la liberté

A Qu'est-ce que tu peux faire?

Fais des phrases qui sont vraies pour toi.

Je peux Je ne peux pas	sortir le soir avec des copains ou copines. regarder la télé après 21 heures. rentrer à la maison à 21 heures du soir. inviter mes copains et copines à la maison. me promener après les cours. acheter des vêtements à la mode. aller au lit à 22 heures. prendre un bus ou un train seul(e). regarder les émissions et les films que j'aime. faire les magasins seul(e) ou avec des copains.

B Qu'est-ce que tu dois faire?

Fais des phrases qui sont vraies pour toi.

Je dois	aider papa ou maman travailler dans le jardin faire la vaisselle mettre la table faire les courses vider les poubelles passer l'aspirateur ranger ma chambre laver la voiture nettoyer la cuisine	tous les jours. une fois par semaine. de temps en temps.
Je ne dois pas travailler à la maison.		

C Ça va? Ou ça ne va pas?

Tu es de bonne humeur des fois? Quand ça?
Et quand est-ce que tu es de mauvaise humeur?

Fais des phrases et

J'en suis content(e) Je suis heureux(se) Je ris Je souris	quand je peux	jouer d'un instrument. faire du sport. sortir en famille. rester seul(e) à la maison. lire un livre. regarder un match.
 J'en ai marre Je suis triste Je suis timide Je suis déprimé(e) Je suis nul(le) J'ai peur Je pleure Je m'ennuie Je me fâche	quand je dois	faire une promenade à pied. répondre en classe. écouter de la musique classique. jouer avec mon frère ou ma sœur. rentrer à l'école après les vacances. acheter des vêtements. rester au lit jusqu'à midi. regarder un film d'amour.

Mécanique de la langue française 14

	-er, -ir, -re
Je peux	ranger . . .
Tu peux	laver . . .
. . . peut	nettoyer . . .
Je dois	vider . . .
Tu dois	mettre . . .
. . . doit	sortir . . .

	♂	♀
Je suis	content	contente
Tu es	heureux	heureuse
. . . est	seul	seule
	nul	nulle
	déprimé	déprimée
	fatigué	fatiguée

Fraternité

Radio Active

Série

Les Ados

15ᵉ et dernier épisode: Au revoir!

Ce soir, Guy et Grégoire, les camarades de Jojo Lafitte, regardent un jeune homme qui arrive à la Maison des Jeunes . . .

1 *Antoine Croizard demande Jojo.*

2 *Jojo est brutal et violent.*

3 *Dédé chante une chanson.*

[Refrain] Salut, salut!
Aux bons copains, la bienvenue!
A Jojo – Guy – Grégoire
On a dit «Au revoir»!

1 Me voici, je suis Dédé.
Ecoutez, je vais chanter!
Je travaille ici dans le bar,
Et j'aime jouer de la guitare!
[Refrain]

2 Tout le monde déteste Jojo,
Et Guy et Grégoire, bêtes et gros.
Maintenant ils sont partis!
Au club des jeunes, ils sont finis!
[Refrain]

3 Rosie trouve Jojo trop jaloux –
Elle préfère rester, avec nous.
Elle n'est pas très intelligente –
Mais elle est sympa et marrante!
[Refrain]

4 Marie-Isabelle est là.
C'est ma sœur – bof! – ça va!
Sa copine s'appelle Saïda,
Calme et chic et très sympa!
[Refrain]

5 Je m'entends bien avec Albert,
Mon copain sportif, cool, super!
Tolérant et courageux –
Il est parfait – c'est ennuyeux!
[Refrain]

6 Les hommes méchants sont tous partis.
Bon voyage! Ils quittent Paris!
A Jojo Lafitte – Guy – Grégoire
Les Ados, les Ados, les Ados disent «Au revoir»!
[Refrain]

Chanson   J'en ai marre!

1 J'en ai marre – quand on se dispute avec moi – j'en ai marre.
J'en ai marre – quand la prof ne m'écoute pas – j'en ai marre.
Quand ma mère est déprimée,
Quand je suis triste ou fatigué,
J'en ai marre, oui c'est vrai, j'en ai marre!

2 J'en ai marre – quand j'ai mal à la tête – j'en ai marre.
J'en ai marre – quand ma petite sœur m'embête – j'en ai marre.
Quand je me fâche avec mon frère,
Quand je m'entends mal avec mon père,
J'en ai marre, oui c'est vrai, j'en ai marre!

3 Je suis content – quand mes devoirs sont finis, je suis content.
Je suis content – quand c'est enfin vendredi, je suis content.
Quand je ris avec ma mère,
Quand je m'entends bien avec mon père,
Je suis content, oui c'est vrai, je suis content!

4 Je suis content – quand je vais chez des amis – je suis content.
Je suis content – quand c'est toi qui me souris – je suis content.
Quand la prof est très gentille,
Quand tout va bien dans ma famille,
Je suis content, oui c'est vrai, je suis content!

L'horoscope chinois

Dans l'astrologie chinoise, un animal domine chaque année.

Tu es né(e) en quelle année? Cherche ta date de naissance dans la table – et voilà l'animal qui influence ta personnalité et ta vie.

Le Rat	1948	1960	1972	1984
Le Bœuf	1949	1961	1973	1985
Le Tigre	1950	1962	1974	1986
Le Lapin	1951	1963	1975	1987
Le Dragon	1952	1964	1976	1988
Le Serpent	1953	1965	1977	1989
Le Cheval	1954	1966	1978	1990
Le Mouton	1955	1967	1979	1991
Le Singe	1956	1968	1980	1992
Le Coq	1957	1969	1981	1993
Le Chien	1958	1970	1982	1994
Le Cochon	1959	1971	1983	1995

Chaque animal a une personnalité. Par exemple, si on dit «Tu es un Serpent», c'est un compliment parce que ça signifie que tu es sage et élégant.

Est-ce que la personnalité des animaux correspond à la personnalité des membres de ta famille?

Copie les qualités qui sont vraies dans ta famille. Par exemple:

Mon frère est un Rat.
Un Rat est sympathique.

Le Rat est charmant, généreux, heureux, sympathique et passionné.

Le Bœuf est travailleur, indépendant, loyal, honnête et responsable.

Le Tigre est courageux, enthousiaste, romantique et affectueux.

Le Lapin est tolérant, sophistiqué, sérieux et intellectuel.

Le Dragon est athlétique, intelligent, passionné, et dyamique.

Le Serpent est sage, élégant, calme et silencieux.

Le Cheval est indépendant, populaire et sportif.

Le Mouton est élégant, gentil, charmant, généreux et timide.

Le Singe est inventif, original, amusant et confiant.

Le Coq est énergique, indépendant, beau, sincère et créatif.

Le Chien est attentif, travailleur, loyal, tolérant et modeste.

Le Cochon est gentil, généreux, populaire, sociable et honnête.

COCHON RAT BOEUF TIGRE LAPIN DRAGON SERPENT CHEVAL MOUTON SINGE COQ CHIEN

Dans le diagramme, un animal s'entend bien avec les autres animaux du triangle. Par exemple, un Rat s'entend bien avec un Dragon et un Singe.

Mais il s'entend mal avec l'animal diamétralement opposé dans le cercle. Par exemple, un Rat se dispute avec un Cheval.

Dans ta famille, Tu t'entends bien avec qui? Tu te disputes souvent avec qui? Ça correspond au diagramme?

Je m'entends bien avec ma soeur.
Je me dispute avec mon cousin.

ENQUETE SUR L'AMITIE

Pense à un(e) camarade de classe – «X» – que tu aimes bien. Comment s'appelle-t-il (ou elle?)
Toi et «X», vous êtes de simples camarades? Des copains? Des amis? Ou plus?!
Réponds à ces questions et tu vas peut-être trouver la réponse!

Solution: *voir en bas.*

«X» et moi …

1 a Nous allons souvent en ville ensemble.
   b Nous faisons du tennis (ou un autre sport) de temps en temps.
   c Nous passons les récréations ensemble au collège.

2 a Nous faisons nos devoirs ensemble à la maison.
   b Nous parlons ensemble à la cantine des fois.
   c Nous allons au collège ensemble.

3 a Nous travaillons ensemble en classe.
   b Nous voudrions partir en vacances ensemble.
   c Nous sortons ensemble le weekend.

4 a Nous aimons les mêmes sortes de musique.
   b Nous aimons les mêmes sortes d'activités le weekend.
   c Nous prenons le même repas à la cantine.

5 a Nous passons une heure ensemble de temps en temps.
   b Nous passons souvent le soir ensemble.
   c Nous voudrions passer tous les weekends ensemble.

6 a Nous parlons de choses comiques, ou de sports.
   b Nous parlons des devoirs et des profs.
   c Nous parlons de nos secrets.

7 a Nous achetons des cadeaux d'anniversaire l'un pour l'autre.
   b Nous disons «Bon anniversaire!» au moment de l'anniversaire.
   c Nous achetons des cartes d'anniversaire l'un pour l'autre.

8 a Nous sortons en groupe des fois, avec des copains.
   b Nous avons d'autres ami(s), mais nous préférons sortir à deux.
   c Nous sortons ensemble, et nous n'avons pas d'autres ami(e)s.

MON AMI(E) ET MOI …

Nous allons …	Nous faisons …	Nous regardons …	Nous écoutons …
Nous jouons …	Nous travaillons …	Nous aimons …	Nous n'aimons pas …

Fais des phrases et des dessins.
Travaille avec ton ami(e) si c'est possible.

SOLUTION

Note le numéro qui correspond à tes réponses, et additionne les points.

1 a = 3 **b** = 2 **c** = 1
2 a = 3 **b** = 1 **c** = 2
3 a = 1 **b** = 3 **c** = 2
4 a = 2 **b** = 3 **c** = 1
5 a = 1 **b** = 2 **c** = 3
6 a = 2 **b** = 1 **c** = 3
7 a = 3 **b** = 1 **c** = 2
8 a = 1 **b** = 2 **c** = 3

Si tu as de 19 à 24 points:
Oh là là … mais c'est une grande amitié, ça! «X» est certainement un très grand ami ou une très grande amie, ce n'est pas un simple copain ou une simple copine! Si «X» est un membre du sexe opposé, c'est peut-être ton (ta) petit(e) ami(e)!

Si tu as de 12 à 18 points:
«X» est un bon copain ou une bonne copine, mais il ou elle n'est pas un(e) grand(e) ami(e)

Si tu as moins de 12 points:
«X» est un(e) camarade de classe, et c'est tout.

LOUIS BRAILLE
l'enfant de la nuit.

DEUXIEME ET DERNIER EPISODE.

LE LONG COMBAT

1. L'INSTITUT POUR ENFANTS AVEUGLES EST SITUÉ À CÔTÉ D'UNE RIVIÈRE. L'AIR EST FROID ET HUMIDE ; CE N'EST PAS BON POUR LA SANTÉ. LOUIS EST BIENTÔT MALADE, ET IL VA RESTER MALADE PENDANT DES ANNÉES MAIS IL EST HEUREUX.

— ALORS, LOUIS, ÇA VA ICI ?

— OH OUI, M. LE CURÉ ! NOUS AVONS DES LEÇONS DE GRAMMAIRE, DE GÉOGRAPHIE, D'HISTOIRE — J'AIME TOUT !

2.

TOUS LES JOURS NOUS TRAVAILLONS : NOUS TRICOTONS DES BONNETS ET NOUS FAISONS DES CHAUSSURES EN CUIR. MOI JE TROUVE ÇA FACILE !

3.

ET PUIS, TOUS LES APRÈS-MIDI, NOUS AVONS UNE HEURE DE MUSIQUE. NOUS JOUONS TOUS D'UN INSTRUMENT. MOI, JE SAIS JOUER DU PIANO. J'ADORE ÇA !

4.

NOUS NE SORTONS PAS SEULS PARCE QUE LES RUES SONT DANGEREUSES, MAIS NOUS FAISONS DES PROMENADES EN VILLE EN GROUPE. LE PROFESSEUR PREND UNE LONGUE CORDE, ET NOUS PRENONS LA CORDE DERRIÈRE LE PROFESSEUR !

5.

ET LES LEÇONS DE LECTURE, ÇA VA ?

AH, ÇA, C'EST VRAIMENT UN PROBLÈME ! NOUS AVONS 14 LIVRES DANS LA BIBLIOTHÈQUE, ET C'EST TOUT ! ILS SONT GROS ET LOURDS, PARCE QUE LES LETTRES SONT TRÈS GRANDES, DONC IL Y A TRÈS PEU DE MOTS PAR PAGE.

6.

ÇA, C'EST UN O, UN Q OU UN C ? ET ÇA, C'EST UN R OU UN B ?

IL FAUT TOUCHER CES LETTRES EN RELIEF. QUE C'EST DIFFICILE ET LONG ! IL FAUT DES MOIS POUR LIRE UN LIVRE !

7.

IL FAUT TROUVER UNE AUTRE MÉTHODE !

NOUS AUSSI NOUS VOULONS LIRE. TROUVE UN MOYEN POUR NOUS, LOUIS

8.

IL FAUT INVENTER UN SYSTÈME AVEC DES POINTS EN RELIEF.

LOUIS A 12 ANS. A CHAQUE INSTANT POSSIBLE, IL TRAVAILLE À SON IDÉE. QUELQUEFOIS, IL TRAVAILLE TOUTE LA NUIT !

9. ENFIN, À 15 ANS, IL TROUVE LA SOLUTION : C'EST L'ALPHABET BRAILLE.

A B C D E F G H I
J K L M N O P Q R
S T U V W X Y Z

SES CAMARADES ADORENT LA NOUVELLE MÉTHODE.

DES ANNÉES PASSENT ENCORE. LOUIS TRAVAILLE TROP – CHAQUE SOIR IL FAIT DES LIVRES EN POINTS POUR L'ÉCOLE. MAIS LES AUTORITÉS N'ACCEPTENT TOUJOURS PAS SON ALPHABET

LOUIS EST FATIGUÉ ET DÉPRIMÉ. SON AMI LE DR. GAUDET VA TROUVER LE DIRECTEUR DE L'INSTITUT.

MAIS LES AUTORITÉS REFUSENT DE FAIRE DES LIVRES EN POINTS

LOUIS DOIT QUITTER PARIS PARCE QU'IL EST TRÈS MALADE. PENDANT SON ABSENCE, UN NOUVEAU DIRECTEUR, SÉVÈRE ET FROID, ARRIVE À L'INSTITUT. C'EST UN HOMME JALOUX. IL N'AIME PAS CES « PETITS POINTS IDIOTS », ET IL BRÛLE TOUS LES LIVRES.

ENFIN LE PUBLIC VOIT L'ALPHABET. LA DÉMONSTRATION EST TRÈS IMPRESSIONANTE

DES ANNÉES PASSENT. LOUIS BRAILLE EST PROFESSEUR À L'INSTITUT MAINTENANT.

QUAND LOUIS RENTRE À PARIS:

AUJOURD'HUI LES AVEUGLES DU MONDE ENTIER UTILISENT CE CADEAU PRÉCIEUX L'ALPHABET BRAILLE.

FIN.

1 Entente et disputes

Je m'entends bien avec …
Je m'entends mal avec …
Je me dispute avec …

👨	👩
mon camarade	ma camarade
mon copain	ma copine
mon ami	mon amie
mon petit ami	ma petite amie

2 Nous …

Je	Nous …ons
je danse	nous dans**ons**
j'aime	nous aim**ons**
je fais	nous fais**ons**
je parle	nous parl**ons**
je passe	nous pass**ons**
	etc.

Attention!	
je suis	nous **sommes**
j'ai	nous **avons**
je peux	nous **pouvons**
je veux	nous **voulons**
je vais	nous **allons**
je sors	nous **sortons**
je prends	nous **prenons**

ICI PARIS TELE CONTACT

LES JEUX OLYMPIQUES!

L'équipe d'Ici Paris est allée aux Jeux Olympiques au parc Astérix, à Plailly, près de Paris. Voici les quatre équipes nationales:

Je viens de Rome Je suis monté ici à Paris pour disputer la grande finale des Jeux Olympiques.

L'équipe des Romains.

Je viens de l'outre-Rhin: traversez Paris, toujours tout droit – les grandes montagnes – et juste à côté d'Hambourg.

L'équipe des Barbares.

J'habite près du pays des pyramides, à Chéops.

L'équipe des Egyptiens.

Je viens d'Armorique, c'est le village d'Astérix. Nous sommes venus aux Jeux Olympiques.

L'équipe des Gaulois.

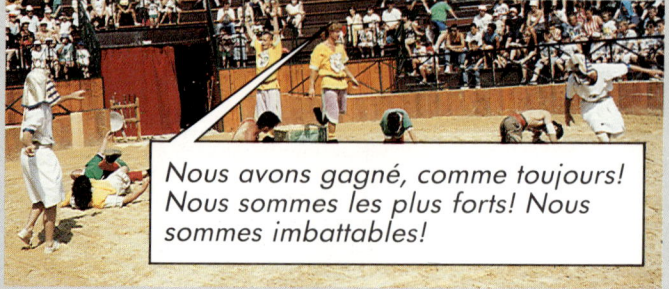

Nous avons gagné, comme toujours! Nous sommes les plus forts! Nous sommes imbattables!

Et vous, les lecteurs d'*Etoiles*, vous êtes imbattables? Pourquoi pas! Bonne chance – et à bientôt!

REPERTOIRE

This list is to help you understand *Etoiles 2*. It doesn't include *all* the words in the Student's Book and the work sheets. If you can't find the French word you're looking for:

■ Does it look like any English word?
Try to think of one which makes sense.

■ Does it begin with a capital letter?
Then it might be the name of a person or place.

■ Can you find a word beginning with the same few letters?
E.g. **j'écris** *I write* isn't there, but **écrire** *to write* is.

■ Does it end in **e, s, es, x** or **nt**?
Try again without those letters.

■ Does it end in **aire, ant, é, el, elle, en, enne, eur, euse, eux, if, ique, ment, té**?
Try changing the endings:

French	English	Example
aire	ary	**missionnaire** = *missionary*
ant	ing	**charmant** = *charming*
é	ed	**arrivé** = *arrived*
el, elle	al	**naturel, naturelle** = *natural*
en, enne	an	**musicien** = *musician*
eur	or	**projecteur** = *projector*
	er	**danseur** = *dancer*
euse, eux	ous	**dangereux** = *dangerous*
if	ive	**actif** = *active*
ique	ic	**Atlantique** = *Atlantic*
	ical	**classique** = *classical*
ment	ly	**personnellement** = *personally*
té	ty	**beauté** = *beauty*

■ Or perhaps it's not very important!

a *has* **il y a** *there is, there are*
à *to, at, in*
un **abattoir** *slaughter-house*
abdominal *(to do with the) stomach*
d' **abord** *at first*
un **abricot** *apricot*
accompli *completed, carried out*
d' **accord** *all right*
acheter *to buy* **j'achète** *I buy*
acheté *bought*
une **actrice** *actress*
les **actualités** *news*
additionner *to add up*
un **ado** *teenager*
un **aéroglisseur** *hovercraft*
un **aéroport** *airport*
affectueux *affectionate*
une **agence de voyages** *travel agency*
l' **agitation** *bustle*
agréable *nice*
j' **ai** *I have* **j'ai ... ans** *I am... years old*
aider *to help*
aïe! *ow!*
un **aigle** *eagle*
ailleurs *somewhere else*
aimer *to like, to love*
j'aimerais *I'd like*
Alger *Algiers*
l' **Allemagne** *Germany*
allemand *German*
aller *to go* **je suis allé(e)** *I went*
allô *hello*
allons donc! *that's silly!*

alors *well, then, in that case*
un **alpiniste** *mountain-climber*
l' **ambiance** *atmosphere*
un(e) **ami(e)** *friend*
l' **amitié** *friendship*
l' **amour** *love*
amoureuse, amoureux *in love*
un **an** *year*
un **ananas** *pineapple*
ancien *old*
un **âne** *donkey*
anglais *English*
l' **Angleterre** *England*
une **animalerie** *pet shop*
des **animaux** *animals*
animé *lively* **un dessin animé** *cartoon*
une **année** *year*
un **anniversaire** *birthday*
une **annonce** *announcement, advertisement*
août *August*
un **appareil** *machine*
l' **apparence** *appearance*
un **appartement** *flat*
s' **appeler ...** *name is* **je m'appelle** *my name is*
apprécier *to like*
un **apprenti** *apprentice*
approcher *to get near*
approximativement *roughly*
après *after* **d'après** *from*
un **après-midi** *afternoon*
une **araignée** *spider*
un **arbre** *tree*

un **arc** *bow* **le tir à l'arc** *archery*
l' **argent** *money; silver*
une **armée** *army*
arrestation: un mandat d'arrestation *arrest warrant*
un **arrêt d'autobus** *bus stop*
arrêter *to arrest, to stop*
en **arrière** *backwards*
un **arrière-grand-père** *great-grandfather*
une **arrivée** *arrival*
un **arrondissement** *district of Paris*
tu **as** *you have*
un **aspirateur** *vacuum cleaner*
assez *quite* **assez de** *enough*
assieds-toi *sit down*
l' **athlétisme** *athletics*
attendre *to wait*
attention! *be careful!*
atterrir *to land*
attractions: un parc d'attractions *theme park*
attraper *to catch*
au *to the, at the, in the*
au-dessus *above*
aujourd'hui *today*
aussi *too*
un **autobus** *bus*
l' **automne** *autumn*
un **autoportrait** *self-portrait*
une **autoroute** *motorway*
autre *other*
l' **Autriche** *Austria*
une **autruche** *ostrich*
aux *to the, at the, in the*
en **avance, d'avance** *in advance, early*
avancer *to put forward, to go forward*
pays **avancé** *developed country*
avant *before*
un **avantage** *advantage*
avec *with*
aveugle *blind*
vous **avez** *you have*
avoir *to have*
nous **avons** *we have*

des **bagages** *luggage*
une **baguette** *stick; loaf*
une **baie** *bay*
un **bain** *bath*
un **bal** *ball, dance*
une **balade** *walk*
se **balader** *to go for a walk*
une **balançoire** *swing; see-saw*
une **baleine** *whale*
une **balle** *ball*
un **ballon** *ball; balloon*
une **bande** *group* **une bande dessinée** *strip cartoon*
en **banlieue** *in the suburbs*
une **banque** *bank*
un **banquier** *banker*
un **barbare** *Barbarian*
une **barbe** *beard*
des **barreaux** *bars*
bas *low, bottom*
le **basket** *basketball*
des **baskets** *trainer shoes*
un **basketteur** *basketball player*
la **basse** *bass (guitar)*
une **bataille** *battle*
un **bateau** *boat*
un **bâtiment** *building*
la **batterie** *drums*
un **batteur** *drummer*
battre *to beat*
bavarder *to chat*
Bâle *Basle*

153

une **BD** strip cartoon (**bande dessinée**)
beau fine; beautiful
beaucoup a lot
bec: une flûte à bec recorder
la **Belgique** Belgium
belle beautiful
ben well . . .
une **berge** river bank
beurk! yuk!
le **beurre** butter
un **bébé** baby
une **bête** animal
bête stupid
une **bibliothèque** library
bien good, well, well done
bien sûr of course
bientôt soon
bienvenue welcome
la **bière** beer
une **bille** marble
un **billet** ticket
bizarre strange
blanc, blanche white
bleu blue
un **bloc** notebook
un **blouson** casual jacket
un **bocal** jar
un **bœuf** ox
bof! don't know! don't care!
boire to drink **j'ai bu** I've drunk
une **boisson** drink
une **boîte** box, tin
un **bol** bowl
bon, bonne good, nice, right, have a good . . . **Ah bon?** Oh yes?
un **bonbon** sweet
bonjour hello
bonne (*see* **bon**)
bonsoir good evening
le **bord de la mer** seaside
une **bouche** mouth
une **boucherie** butcher's shop
bouger to move
une **boulangerie** baker's shop
un **boulevard** wide street
le **boulot** work
une **boussole** compass
une **bouteille** bottle
un **bouton** spot; button
un **bras** arm
bravo! well done!
la **Bretagne** Brittany
des **bretelles** braces
britannique British
le **bronzage** sunbathing
brosser to brush
un **bruit** noise
brûler to burn
Bruxelles Brussels
bruyant noisy
bu (*see* **boire**)
une **bulle** bubble
un **bureau** office

c' it **c'est-à-dire** that is
ça that
une **cabine** cabin; booth
cacher to hide **caché** hidden
un **cache-nez** scarf
un **cadeau** present
le **café** café; coffee
un **cahier** exercise book
le **Caire** Cairo
un(e) **camarade** friend, classmate
une **camionnette** van
la **campagne** countryside

un **camping** campsite
un **canapé** settee
une **canne** stick
une **cantine** canteen
car because
le **car** school bus, coach
caresser to stroke
un **carré** square
un **carrefour** crossroads
une **carte** map; card
en **cas de** in case of
une **case** little box/square
une **casquette** cap
cassé broken
à **cause de** because of
ce it; this, that
une **ceinture** belt
cela that
célèbre famous
cent hundred
un **cercle** circle
un **cerveau** brain
ces these, those
un **CES** secondary school
cette this, that
ceux those
chacun everybody
une **chaîne** (TV) channel
une **chaise** chair
une **chambre** bedroom
un **champ** field
un **championnat** championship
une **chanson** song
chanter to sing **chanté** sung
un **chanteur** singer
une **chanteuse** singer
un **chapeau** hat
chaque every
une **charcuterie** delicatessen
un **chat** cat
chaud hot
un **chauffeur** driver
une **chaussette** sock
une **chaussure** shoe
une **chauve-souris** bat
un **château** castle
un **chef** boss, leader **en chef** in chief
un chef d'œuvre masterpiece
chef de cuisine cook
un **chemin** way
une **cheminée** chimney
une **chemise** shirt
un **chemisier** blouse
cher, chère dear
chercher to look for
un **cheval** horse
des **chevaux** horses
des **cheveux** hair
une **cheville** ankle
chez . . . at . . .'s house
chic smart
un **chien** dog
des **chiffres romains** Roman numerals
un **chimiste** chemist
chinois Chinese
un **chip** crisp
un **choc** shock
choisir to choose **choisi** chosen
une **chose** thing
un **chou** cabbage
chouette nice
une **chute** waterfall; fall
ci: comme ci comme ça neither good nor bad, so-so
le **ciel** sky
le **ciné** cinema
cinq five

un **circuit** track
circuler to go, to move
ci-contre opposite
clair light
un **clavier** keyboard
une **clochette** bell
un **cobaye** guinea pig
cocher to tick
un **cochon** pig
un **coiffeur** hairdresser
une **coiffure** hairstyle
un **coin** corner; neighbourhood
coléreux bad-tempered
un **collège** secondary school
un **collègue** colleague
une **colline** hill
une **colonne** column
combien how much, how many
un **comédien** actor
un **commandant** commander
comme how, like, as, as a
commencer to begin
comment how, what
comment est . . . ? what is . . . like?
comment tu trouves . . . ? what do you think of . . . ?
un **commerçant** shop keeper
un **commissariat** police station
une **commode** chest of drawers
en **commun** public
communiquer to communicate
compliqué complicated
un **compositeur** composer
comprendre to understand
compter to count
un **concours** competition
condamner to condemn
un **conducteur** driver
conduire to drive
confiant confident
une **confiserie** sweet shop
la **confiture** jam
une **conquête** conquest
consacré devoted
consommer to consume
construire to build
content pleased
contre against
contribuer to contribute
un **copain, une copine** friend
un **coq** cockerel
un **cor** horn
une **corde** string
un **corps** body
un **correspondant** penfriend
la **Corse** Corsica
le **cou** neck
je me **couche** I go to bed **le soleil se couche** the sun sets
un **coude** elbow
coudre to sew
une **couleur** colour
couper to cut
courageux brave
un **courant** current
courir to run, to race
le **courrier** letters, mail
des **cours** lessons
je **cours** (*see* **courir**)
des **courses** shopping
un **coursier** dispatch rider
court (*see* **courir**)
court short
couru ran
un **coussin** cushion
la **côte** coast
à **côté de** beside, next to

	coûter to cost	
un	**crâne** skull	
un	**crapaud** toad	
une	**cravate** tie	
un	**crayon** pencil	
la	**crème** cream	
une	**crémerie** dairy	
une	**crêpe** pancake	
une	**crêperie** pancake restaurant	
	crier to shout	
la	**Crimée** Crimea	
	croisé: mots croisés crossword	
un	**cui-cui** cooing	
une	**cuillerée** spoonful	
le	**cuir** leather	
la	**cuisine** cookery; kitchen	
une	**cuisse** thigh **une cuisse de grenouille** frog's leg	
	cultiver to grow	
un	**curé** priest	
le	**cyclisme** cycling	
	d' (*short for* **de**)	
une	**dame** lady	
	dans in	
une	**danseuse** dancer	
	de of, from, some	
	débile feeble, useless	
	déchiffrer to decode	
	décoré decorated	
	découragé discouraged	
le	**découragement** discouragement	
une	**découverte** discovery	
	découvrir to discover	
	décrire to describe	
	dedans inside	
	déjà already	
le	**déjeuner** midday meal **le petit déjeuner** breakfast	
	demain tomorrow	
	demander to ask for	
	demi half	
une	**dent** tooth	
le	**dentifrice** toothpaste	
un	**départ** departure	
un	**dépliant** leaflet	
	déprimé depressed	
	déprogrammé cancelled	
	depuis since, for	
	dernier, dernière last	
	derrière behind	
	des some, of the, from the	
	dès from	
	désagréable nasty	
	descendre to get out, off, down	
au	**désespoir** in despair	
	désirer to want	
	désolé sorry	
un	**dessin** drawing **un dessin animé** cartoon	
	dessiner to draw	
	détester to hate	
en	**détresse** in distress	
un	**détroit** strait	
	deux two	
	deuxième second	
un	**deux-roues** two-wheeler	
	devant in front	
	devenir to become	
	deviner to guess	
des	**devoirs** homework	
	diamétralement diametrically	
un	**dieu** god	
	difficile difficult	
la	**dimanche** Sunday	
le	**dîner** evening meal	
	dire to say, tell	

	dis, disent, disons (*see* **dire**)	
	disparu disappeared	
une	**dispute** quarrel	
se	**disputer** to quarrel	
un	**disque** record	
	distingué distinguished	
une	**distraction** amusement	
	dit, dîtes (*see* **dire**)	
	dix ten	
	dix-huit 18	
	dix-neuf 19	
	dix-sept 17	
	dois, doit, doivent must	
un	**domestique** servant	
	donc so, therefore	
	donner to give	
	dormir to sleep **dormi** slept	
	dors, dort (*see* **dormir**)	
le	**dos** back	
un	**dossier** file	
eau	**douce** fresh water	
une	**douche** shower	
	Douvres Dover	
	doux sweet	
	douze 12	
	drogué drugged	
tout	**droit** straight on	
à	**droite** to/on the right	
	drôle funny	
	du of the, from the, some	
	dur hard	
l'	**eau** water	
des	**échasses** stilts	
un	**éclair** kind of cake	
une	**école** school	
	économique cheap	
	écossais Scots	
	écouter to listen to	
un	**écran** screen	
	écrire to write	
l'	**écriture** handwriting	
s'	**écrouler** to crumble	
l'	**édito** editorial	
	égal equal	
l'	**égalité** equality	
une	**église** church	
	électroménager household electrical	
un	**élève** pupil	
	elle she, it	
	elles they	
	embarquer to get on board	
	embêter to annoy	
un	**embouteillage** traffic jam	
une	**émission** programme	
	Emmental kind of cheese	
un	**emploi** employment, job	
on	**emploie** people use	
	empoisonné poisoned	
une	**empreinte** footprint(s)	
l'	**EMT** Craft Design Technology	
	en in, on, made of	
	encore still; again; yet; another	
	énergique energetic	
un	**enfant** child	
	enfin at last; anyway	
un	**engin** device	
	ennuyer to bore	
	ennuyeux boring	
une	**enquête** investigation	
	enregistrer to record	
	ensemble together	
	ensuite then	
	entendre to hear **je m'entends bien avec** I get on well with . . .	
une	**entente** understanding	

	enthousiasmé keen	
	entier whole	
	entourer to surround	
l'	**entraînement** training	
s'	**entraîner** to train	
	entre in between	
une	**entrée** entrance	
	entrer to go in **je suis entré(e)** I went in	
j'ai	**envie de** I want to	
	environ about	
	envoyer to send	
une	**épaule** shoulder	
une	**épicerie** food shop	
des	**épices** spices	
l'	**EPS** PE	
une	**équipe** team	
l'	**équitation** horseriding	
une	**erreur** mistake	
tu	**es** you are	
un	**escalier** staircase	
un	**escargot** snail	
un	**espace** space	
l'	**Espagne** Spain	
	espagnol Spanish	
l'	**espionnage** spying	
l'	**essence** petrol	
	est is	
l'	**est** east	
l'	**est-ce que** . . . (begins a question)	
l'	**estomac** stomach	
	et and	
un	**étage** floor	
	étais, était was	
un	**état** state	
les	**Etats-Unis** United States	
vous	**êtes** you are	
l'	**été** summer	
une	**étiquette** label	
une	**étoile** star	
un	**étranger** foreigner, stranger **à l'étranger** abroad	
	être to be	
un	**étudiant** student	
un	**explorateur** explorer	
	extra fantastic	
un	**extrait** extract	
en	**face de** opposite	
je me	**fâche** I get angry	
	facile easy	
	faible feeble	
j'ai	**faim** I'm hungry	
	faire to do, to make **fait** made, done	
	fais, faisons, fait, faites (*see* **faire**)	
une	**famille** family	
un	**fantôme** ghost	
la	**farine** flour	
	fatigué tired	
	faune fauna, animals	
	fausse false	
il	**faut** one must; it's necessary	
une	**faute** fault	
un	**fauteuil** armchair	
	faux false	
une	**femme** wife, woman	
une	**fenêtre** window	
une	**ferme** farm	
	féroce fierce	
	fêter to celebrate	
un	**feu** light; fire	
un	**feuilleton** serial	
en	**feutre** made of felt	
une	**fiche** form	

un **figure** diagram
figurez-vous! imagine!
une **fille** girl; daughter
un **fils** son
la **fin** end
finir to finish **fini** finished
fixe unmoving
une **flèche** arrow
une **fleur** flower
un **fleuve** river
une **fois** time **des fois** sometimes
foncé dark
fonctionner to work
fonder to found
font do, make
le **foot** football
un **footing** jogging
une **forêt** forest
une **forme** shape **en forme** fit
formidable great
fort strong
fou mad
fraîche fresh
une **fraise** strawberry
une **framboise** raspberry
francophone French-speaking
français French
frapper to knock
la **fraternité** brotherhood
un **frère** brother
les **fringues** clothes
frisé curly
froid cold
un **fromage** cheese
une **frontière** border
fumer to smoke

gagner to win, earn, gain
gagné won
une **galette** type of pancake
Galles: le pays de Galles Wales
un **gant** glove
un **garçon** boy; waiter
une **gare** station
un **gâteau** cake
à **gauche** on the left
un **Gaulois** Gaul
un **géant** giant
un **genou** knee
un **genre** type, kind
des **gens** people
gentil, gentille nice, kind
une **gerboise** gerbil
un **geste** movement, gesture
généraliste: un médecin
généraliste GP
génial brilliant
un **génie** genius
il **gèle** it's freezing
une **glace** ice; ice cream; mirror
un **gosse** brat
un **goût** taste
le **goûter** afternoon snack
grâce à thanks to
grand big
la **Grande-Bretagne** Great Britain
une **grand-mère** grandmother
un **grand-père** grandfather
gras, grasse fat
un **gratte-ciel** skyscraper
grave serious
une **grenouille** frog
une **grille** grid
gris grey
gros, grosse big, fat
une **groseille** redcurrant
une **guerre** war
un **gymnase** gymnasium

un **habitant** inhabitant
habiter to live in
une **habitude** habit
d' **habitude** usually
habituel usual
haché minced
une **haie** hedge
haut high, top
en **hauteur** high
hé! hey!
hein? eh?
l' **herbe** grass
l' **heure** time, hour, o'clock
heureuse, heureux happy
hier yesterday
une **histoire** history; story
l' **hiver** winter
un **homme** man
honnête honest
une **horloge** clock
un **hôtelier** hotel-keeper
l' **huile** oil
huit eight
une **humeur** mood
humide damp
hyper very

ici here
il he, it **il y a** there is, there are
une **île** island
ils they
une **image** picture
imbattable unbeatable
imbécile stupid
impressionnant impressive
incroyable unbelievable
l' **Inde** India
une **indice** clue
indiquer to indicate
infect nasty
inférieur lower
une **infirmière** nurse
l' **informatique** computer science
un **ingénieur** engineer
insupportable unbearable
intéressant interesting
intéresser to interest
un **intérêt** interest
irritant irritating

j' I
jaloux jealous
jamais never
une **jambe** leg
le **jambon** ham
un **jardin** garden **un jardin public** park
jaune yellow
un **javelot** javelin
je I
un **jeu** game **un jeu-test** quiz
le **jeudi** Thursday
jeune young
la **Joconde** the Mona Lisa
le **jogging** jogging; tracksuit
une **joie** joy
joli pretty
jouer to play
un **jouet** toy
un **joueur, une joueuse** player
un **jour** day
un **journal** newspaper **des journaux** newspapers
une **journée** day
joyeux very happy
juif Jewish

juillet July
juin June
jumelé twinned
une **jupe** skirt
un **jus** juice
jusqu'à until
juste fair **juste à temps** just in time

l' **the, it**
la **the, it**
là **there** **là-bas** over there
là-dedans in there
laid ugly
en **laine** made of wool
laisser to leave
laisser tomber to drop
le **lait** milk
laitier made of milk
lancer to throw
une **langue** language
un **lapin** rabbit
large wide
laver to wash
un **lave-vaisselle** dish-washer
le **the, it**
une **leçon** lesson
un **lecteur, une lectrice** reader
la **lecture** reading
léger, légère light
un **légume** vegetable
le **lendemain** the next day
lent slow
les **the**
leur their
se **lever** to get up **je me lève** I get up
une **lèvre** lip
une **librairie** bookshop
libre free
un **lieu** place
une **ligne** line
lilas lilac
lire to read
lis, lisent, lit (*see* **lire**)
lisse smooth
un **lit** bed
un **livre** book
une **livre** pound
loin far
lointain distant
les **loisirs** leisure activities
Londres London
en **longueur** long
lourd heavy
lu read
lui him
une **lumière** light
le **lundi** Monday
la **lune** moon
une **lunette** telescope
des **lunettes** glasses
de **luxe** luxury
un **lycée** upper secondary school

m' me, myself
ma my
madame Mrs, madam
mademoiselle miss
un **magasin** shop **un grand magasin** department store
la **magie** magic
un **magnétoscope** video recorder
magnifique magnificent
mai May
un **maillot de bain** swimming costume
une **main** hand

	maintenant now	
un	**maire** mayor	
une	**mairie** town hall	
	mais but	
le	**maïs doux** sweetcorn	
une	**maison** house **une maison des jeunes** youth club	
un	**maître** master	
	mal badly	
j'ai	**mal** I hurt	
	malade ill	
	maman mum	
la	**Manche** Channel	
un	**mandat** order	
	manger to eat **une salle à manger** dining room	
des	**manières** manners	
	manoeuvrer to steer	
une	**marche** walk	
un	**marché** market	
	marcher to walk	
le	**mardi** Tuesday	
un	**mari** husband	
	marier to marry	
un	**marin** sailor	
	marrant funny	
	marre: j'en ai marre I'm fed up	
	marron brown	
la	**Marseillaise** French national anthem	
un	**marteau** hammer	
une	**matière** school subject	
un	**matin** morning	
	mauvais bad; wrong	
	me me, myself	
un	**mécanicien** mechanic	
la	**mécanique** mechanics, workings	
	méchant bad	
	mécontent discontented	
un	**médecin** doctor	
un	**médicament** medicine	
	même same; even	
une	**mémoire** memory	
	menacé threatened	
un	**menton** chin	
une	**mer** sea	
	merci thank you	
le	**mercredi** Wednesday	
la	**mère** mother	
une	**merveille** marvel	
	merveilleux marvellous	
	mes my	
	messieurs gentlemen	
la	**météo** weather report	
le	**métro** underground railway	
tu	**mets** you put	
	mettre to put **mettre la table** to lay the table	
un	**meurtre** murder	
	miam! yum!	
un	**micro** microphone	
	midi midday	
le	**Midi** South of France	
	mignon cute	
au	**milieu de** in the middle of	
une	**mille** mile	
	minable pathetic, rubbish	
	mince thin	
	minuit midnight	
un	**miroir** mirror	
une	**mite** clothes-moth grub	
	mité moth-eaten	
	Mme = Madame	
	moche weedy, soppy	
une	**mode** fashion	
le	**modélisme** model-making	

	moi me	
	moins de less than	
un	**mois** month	
les	**Moluques** the Moluccas, the Spice Islands	
	mon my	
le	**monde** world **tout le monde** everybody	
	monsieur Mr, sir	
une	**montagne** mountain	
	monter to go up, to set up	
une	**montgolfière** hot air balloon	
une	**montre** watch	
	montrer to show	
un	**monument** sight	
le	**morpion** noughts and crosses	
	mort dead	
une	**mosquée** mosque	
un	**mot** word	
une	**moto, motocyclette** motorbike	
	mou soft	
la	**moutarde** mustard	
un	**mouton** sheep	
un	**moyen** means	
en	**moyenne** on average	
le	**Moyen-Orient** Middle East	
un	**mur** wall	
une	**muraille** wall	
la	**musculation** body-building	
un	**musée** museum	
une	**mutinerie** mutiny	
	n' . . . pas not	
	nager to swim	
la	**naissance** birth	
la	**natation** swimming	
un	**navet** turnip; bad film	
	ne . . . pas not	
	né born	
	néerlandais Dutch	
la	**neige** snow **il neige** it's snowing	
	néo-zélandais from New Zealand	
le	**nerf** nerve	
	nettoyer to clean	
	neuf nine	
le	**nez** nose	
	ni neither, nor	
	Noël Christmas	
	noir black	
un	**nom** name	
un	**nombre** number	
	nommer to name	
	non no	
le	**nord** north	
	norvégien Norwegian	
	nos our	
la	**nourriture** food	
	nous we, us	
	nouveau(x), nouvel(le) new	
la	**Nouvelle-Zélande** New Zealand	
un	**nuage** cloud	
une	**nuit** night	
	nul, nulle useless, no good	
un	**numéro** number	
un	**objet** object	
	obligatoire compulsory	
un	**observateur** observer	
	obstiné obstinate	
d'	**occasion** second-hand	
l'	**Océanie** Australasia	
une	**odeur** smell	
un	**œil** eye	
un	**œuf** egg	
	œuvre: un chef d'œuvre masterpiece	
un	**oignon** onion	

un	**oiseau** bird	
un	**omnibus** old word for bus	
	on one, we, they, you, people	
	ont have	
	onze 11	
un	**ophtalmologiste** eye specialist	
	opposé opposite	
un	**ordinateur** computer	
une	**oreille** ear	
un	**organisateur** organiser	
	ou or	
	où where	
	ouais yeah	
l'	**ouest** west	
	oui yes	
un	**ours** bear	
l'	**outre-Rhin** beyond the Rhine	
	ouvert open	
	ouvrir to open	
le	**pain** bread	
en	**panne** broken down	
un	**panneau** sign	
un	**pantalon** trousers	
le	**pape** Pope	
une	**papeterie** stationers	
en	**papier** made of paper	
un	**paquet** parcel	
	par by **par là** that way; **par ordre** in order	
	parce que because	
un	**parent** parent, relative	
	paresseuse, paresseux lazy	
	parfait perfect	
le	**parfum** scent	
un	**parking** car park	
	parler to speak	
une	**parole** word	
	pars, part (see **partir**)	
un	**partenaire** partner	
	participer to join in	
en	**particulier** in particular	
une	**partie** part	
	partir to leave **parti** left	
	partout everywhere	
	pas not	
un	**passager** passenger	
le	**passé** past	
	passer to pass; take a test or audition; spend time	
un	**passe-temps** hobby	
	passionnant very interesting	
un	**passionné** fan	
des	**pâtes** pasta	
un	**patin à roulettes** roller skate	
le	**patinage** skating	
	patiner to skate	
une	**patinoire** skating rink	
une	**pâtisserie** cake shop	
	pauvre poor	
un	**pays** country	
un	**paysage** landscape	
la	**peau** skin	
la	**pêche** fishing	
	peint painted	
un	**peintre** painter	
une	**peinture** painting	
une	**pelouse** lawn	
	pendant during	
une	**pendule** clock	
	pénible irritating, a pain	
	penser to think	
	perche: saut à la perche pole vault	
	perdre to lose	
un	**père** father	
un	**permis de conduire** driving licence	

un **perroquet** parrot
un **personnage** character
petit small
un **peu** a little
un **peuple** people
j'ai **peur** I'm frightened
peut, peux can
peut-être maybe
une **pharmacie** chemist's
une **phrase** sentence
un **physicien** physicist
une **pièce** play
un **pied** foot **à pied** on foot
un **pin** pine
un **pingouin** penguin
une **piscine** swimming pool
le **pitre** playing about
pittoresque picturesque
un **placard** cupboard
une **place** square
une **plage** beach
plaît: s'il te plaît, s'il vous plaît please
une **planche** board
planifier to plan
un **plat** dish, food
le **plâtre** plaster
plein full **en plein air** in the open air **en pleine forme** really fit
pleurer to cry
il **pleut** it's raining
un **pli** fold
la **pluie** rain
pluriel plural
plus more **moi non plus** nor me **en plus** in addition
plus de more than
plutôt rather
une **poche** pocket
un **poids** weight
le **point** score
pois: les petits pois peas
un **poisson** fish
une **poitrine** chest
le **poivre** pepper
un **policier** police story
polluant pollutant
pollué polluted
la **Pologne** Poland
un **polyglotte** speaker of many languages
une **pomme** apple **une pomme de pin** pine cone
un **pont** bridge
une **porte** door, gate
porter to carry, wear, bear
un **portrait-robot** photofit picture
portugais Portuguese
poser to place, ask
un **poste de police** police station
une **poste** post office
un **poteau** post
une **poubelle** bin
une **poule** hen
le **poulet** chicken
un **poumon** lung
pour for, to
pourquoi why
pousser to push, utter
un **pousse-pousse** rick-shaw
vous **pouvez** you can
nous **pouvons** we can
pratiquer to do, to practise
de **préférence** preferably
préféré favourite
premier, première first

un **prendre** to take, buy, have, eat
un **prénom** first name
nous **prenons** we take
près de near to
presque almost
prêt ready
une **preuve** proof
le **printemps** spring
pris taken, had, eaten
un **prisonnier** prisoner
privé private
un **prix** price
prochain next
un **produit** product
un **prof, professeur** teacher
un **projet** project
une **promenade** walk, ride
se **promener** to go for a walk/ride
proposer to suggest
protéger to protect
prouver to prove
la **pub, publicité** advertisements
puis then
un **pull** pullover
un **pupitre** desk

qu' that, than, what
quand when
quarante forty
un **quartier** part of town
quatorze 14
quatre four
quatrième fourth
que that; than; what
quel, quelle what, what a
quelque some
quelquefois sometimes
quelqu'un someone
qu'est-ce que what
qui who, which
quinze 15
quitter to leave
quoi what

raconter to tell
une **raffinerie** refinery
le **raisin** grapes
une **raison** reason
une **randonnée** walk
ranger to clear up
raser to shave
rayer to cross out
une **recette** recipe
à la **recherche** in search of
reçois, reçoit receive(s)
reconnaît recognises
recopier to copy out
une **rediffusion** repeat broadcast
un **refrain** chorus
regarder to watch, look at
une **règle** rule
je **regrette** I'm sorry
régulier, régulière regular
une **reine** queen
relaxe relaxing
relier to join up
remarquer to notice
remplacer to replace
remplir to fill in
rendre visite to visit
rénover to rebuild
rentrer to return
réparer to mend
un **repas** meal
répondre to answer
une **réponse** answer

un **représentant** representative
une **réserve** nature reserve
rester to stay
un **résultat** result
un **résumé** summing-up
en **retard** late
de **retour** back again
retourner to return
revenir to come back
au **revoir** goodbye
au **rez-de-chaussée** on the ground floor
ridicule ridiculous
rien nothing
rigolo funny
rire to laugh
ris, rit (see **rire**)
un **risque** risk
une **rivière** river
le **riz** rice
une **robe** dress
un **rocher** rock
un **roi** king
romain Roman
un **roman** novel
rond round
un **rond-point** roundabout
un **ron-ron** rumbling
rose pink
une **roue** wheel
rouge red
roulant: un fauteuil roulant wheelchair
rouler to roll, go
une **route** way **en route** on the way **un accident de la route** road accident
routière: une gare routière bus station
roux red, auburn
une **rue** street
russe Russian
rythmé rythmic

s' himself, herself
sa his, her, its
un **sac** bag
un **sachet** bag
sacrifier to sacrifice
sage well-behaved
sais, sait know(s)
une **saison** season
sale dirty
salé salty
une **salle** room **une salle à manger** dining room
un **salon** sitting room
salut hello; goodbye
le **samedi** Saturday
sans without
la **santé** health
une **saucisse** sausage
un **saut** jump
sauter to jump
la **sauvagerie** wildness
sauver to save
vous **savez** you know
un **schéma** diagram
un **schnoque** old man
scolaire school
le **scoutisme** scouts and guides
se himself, herself
sec, sèche dry
en **seconde** Year 11 at school
au **secours!** help!
la **sécurité** safety
seize 16
un **séjour** stay

le **sel** salt
une **semaine** week
sens unique one-way
ça **sent bon** that smells good
un **sentiment** feeling
séparer to separate
sept seven
tu **serais** you would be
une **série** series
un **serpent** snake
serré tight
un **serviteur** servant
ses his, her, its
seul alone
seulement only
sévère strict
si if; so; yes
la **signalisation** signs
signifier to mean
silencieux silent
un **singe** monkey
un **sirop** syrup
situé situated
une **sœur** sister
en **soie** made of silk
j'ai **soif** I'm thirsty
le **soir** evening
un **soldat** soldier
soldes sale
le **soleil** sun
sombre dark
une **somme** sum
un **sommet** top
son his, her, its
un **son** sound
un **sondage** opinion poll
sont are
une **sorcière** witch
sors, sort (*see* **sortir**)
une **sortie** outing
sortir to go out
sorti been out
soudain suddenly
je **souffre** I'm suffering
un **soulier** shoe
souligner to underline
sourire to smile
sous under
des **sous-vêtements** underwear
souterrain underground
souvent often
un **spectacle** show
sportif, sportive sporting
une **squelette** skeleton
squelettique thin as a
skeleton
un **stade** stadium
une **station de taxis** taxi rank
une **station-service** petrol station
un **stylo** pen
le **sucre** sugar
le **sud** south
ça **suffit** that's enough
je **suis** I am
la **Suisse** Switzerland
la **suite** continuation
à **suivre** to be continued
un **sujet** subject
supérieur upper
un **supermarché** supermarket
supplémentaire extra
sur on
sûr certain
surtout especially
un **survivant** survivor
un **sweat** sweatshirt
sympa, sympathique nice

un **syndicat d'initiative** tourist
office
synthétique man-made

t' you, yourself
ta your
le **tabac** tobacco
un **talisman** good-luck object
taper to hit
tard late
une **taupe** mole
te you, yourself
tellement so
une **tempête** storm
le **temps** time; weather
à **temps** in time
une **tentation** temptation
terminé finished
la **terre** land, earth
tes your
une **tête** head
un **texte** writing
un **TGV** high-speed train
(**Train à Grande Vitesse**)
le **thé** tea
tiens! goodness!; here you
are!
il **tient** he holds
un **timbre** stamp
timide shy
le **tirà l'arc** archery
un **tissu** material
toi you
la **toile** canvas, cloth
un **toit** roof
tomber to fall **tombé** fallen
ton your
tondre to mow
toujours always, still
une **tour** tower
tourner to turn
tous, tout all, every,
everything, everybody
tout droit straight on
tout le monde everybody
tout près close by
tout de suite straight away
un **traîneau** sled
traiter to call
une **tranche** slice
tranquille quiet
le **travail** work
travailler to work
travailleur hard-working
traverser to cross
traversière: une flûte
traversière flute
trente 30
très very
tricoter to knit
triste sad
trois three
troisième third
trop too **trop de** too much,
too many
un **trottoir** pavement
un **trou** hole
trouver to find; to think
un **truc** thing; thingummy, whatsit
tu you
un **type** man

ultra very
un, une a, an; one
unique only
un **urbaniste** town planner
l' **URSS** USSR
une **usine** factory

utiliser to use

va goes, is going
les **vacances** holidays **en vacances**
on holiday **les grandes vacances**
summer holidays
je **vais** I go, I'm going
la **vaisselle** washing up
une **vallée** valley
la **vapeur** steam
Varsovie Warsaw
tu **vas** you go, you're going
un **vélo** bike
un **vélomoteur** moped
en **velours** made of velvet
un **vendeur, une vendeuse** shop
assistant
le **vendredi** Friday
venir to come
le **vent** wind
un **ventre** stomach
venu came
vers towards; about
vert green; ecological
les **vertèbres** vertebrae
une **veste** jacket
des **vêtements** clothes
veut, veux want(s)
la **viande** meat
une **vidéothèque** video hire shop
vider to empty
la **vie** life; living
vieille old
viens, vient (*see* **venir**)
vieux old
vilain naughty
une **ville** town
le **vin** wine
un **violoncelle** cello
je **vis** I live
un **visage** face
vit lives
vite quick, quickly
la **vitesse** speed
vivant alive, lively
vivre to live
voici here is, here are
voilà there is, there are
une **voile** sail
voir to see
vois, voit (*see* **voir**)
une **voiture** car
un **vol** theft; flight
voler to steal; to fly
volé stolen
un **voleur** thief
le **volley** volleyball
un **volontaire** volunteer
vont go; are going
vos, votre your
voudrais, voudrait, voudriez,
voudrions would like
vous **voulez** you want
nous **voulons** we want
vous you
un **voyage** journey
voyager to travel
un **voyageur** traveller
vrai true, real
vraiment really
vu seen
une **vue** view

y: il y a there is, there are
le **yaourt** yoghurt
les **yeux** eyes

zut! bother!

Published by BBC Books and Longman Group UK Limited

BBC Educational Publishing
a division of
BBC Enterprises Limited
Woodlands
80 Wood Lane
London W12 OTT

Longman Group UK Limited
Longman House, Burnt Mill
Harlow, Essex
CM20 2JE
England
and Associated Companies
throughout the World

First published 1992
Second impression 1993

© BBC Enterprises Limited/Longman Group UK Limited 1992

ISBN 0 582 038685

Set in 10/11 pt Souvenir Light (Linotron)
Produced by Longman Singapore Publishers Pte Ltd
Printed in Singapore

Acknowledgements

The authors would like to thank Sarah Langman, Justine Kanter and David Jamieson of Longman Group for their support and creativity. Thanks also go to the following people for their contributions and suggestions: Liz Edwards and her family in France, Elisabeth Normand, Yves, Jean-Jacques and Micheline Normand, Patrice Vérien, Bob Grinham, Bary Clark, Paul Edwards, Peter Shaw, Oliver Gray, Heather Rendall and finally John Lemmon for conceiving Etoiles in the first place.

The publishers would like to acknowledge BBC School Television for their cooperation in the making of this book.

Designed by Glynis Edwards

Illustrated by Ad Hoc Graphics, Tim Archbold, Kath Baxandale, Val Beaumont, Michael Bramman, Janet Brown, Phillippe Burel, Celia Canning, Philippe Chapelle, Chris Cord, Sarah Crane, Wendy Crowdy, Karen Donnelly, Peter Edwards, Neil Evans, Norah Fitzwater, Hardlines, Celia Hart, Jean-Francois Henry, Michael Hingley, Peter Kent, Allan Lamb, Maggie Ling, Peter Lubach, Oxford Illustrators, Julian Page, Benoît du Peloux, Martin Shovel, Julie Stevens, Jake Tebbit, Grace Richmond, Lynne Wright.

Picture research by Val Mulcahy.

Songs Written by Jasper Kay.

We are grateful to the following for permission to reproduce photographs. Air France, page **46** *above centre*; Bryan and Cherry Alexander, page **27** *below right* (Paul Drummond); Allsport, pages **54** *below centre*, **55** *left*, **63** *above*; Antenne 2 1991, pages **108**(B) (Gilles Schrempp), **109**(K), **110** *above* (J.F. Rault); Aprifel, page **100** *right* (Henri Yeru); Archives Municipales, Strasbourg page **82** *centre* (Ernest Laemmel); Australian Tourist Commission, pages **33** and **41** *below* (Steve Strike); Clive Barda Photography, page **110** *below*; The Bridgeman Art Library, page **32**(1), **32**(3), **32**(4), **64**, **69** *left*, **69** *right* (Detroit Institute of Arts, Michigan); J Allan Cash, pages **9**(d), **13**(4), **27** *below left*, **41** *above right*, **74** *below left*; Catalogue de la Redoute, pages **59**, **60**, **61**, **128**; Cephas Picture Library, pages **44** *below* (Lawrence Schmitz); Bruce Coleman, page **13**(5) (Rod Williams), **13**(9) (Worldwide Fund for Nature); Colorsport, pages **54** *above left*, **54** *centre left*, **54** *below right*, **55** *above centre*, **55** *below centre*; James Davis Travel Photography, page **82** *below left*; Luis Espana, pages **4**, **15**, **25**, **34**, **51**, **57**, **66**, **76**, **108** *above left* and *below left*, **125**, **144**, **152**; Mary Evans Picture Library, page **54** *below left*, **54** *above centre*; French Government Tourist Office, page **82** *below right*; Giraudon/The Bridgeman Art Library, page **32**(2); Sonia Halliday/Laura Lushington, page **17**(7); Brendan Hearne, pages **74** *centre*, **75** *above left*, **75** *above right*, **75** *below*, **80** *centre*; Hoa-Qui, pages **23** and **27** *below centre* (Christian Vaisse); Hulton Deutsch Collection, pages **54** *centre right*, **55** *above right*; Hutchison Library, page **9**(e) (Andrew Hill); The Image Bank, pages **9**(f) (DC Productions), **13** *above* and **13**(1) (Lynn M Stone), **27** *above left*, **46** *above centre left* (Romilly Lockyer), **109**(G) (TH. G. Bauer); Penny Kenwright, page **41** *above left*; Landscape Only, page **14** *right*; Mansell Collection, page **17**(6); Matra Transport/Documentation Française, page **44** *centre*; Michelin from Map No 10, 1991 edn, page **91** *right*; Octopus books, page **100** *left*; Office Departmental du Tourisme du Bas-Rhin, page **82** *above left*, *centre right*; Paramount/British Film Institute Stills Posters and Designs, page **108**(D); Picturepoint, pages **9**(c), **17**(1) (J. David), **22** *right*, **27** *above right*, **46** *above centre right*, **46** *below left*, **109**(H); Popperfoto, pages **9**(b), **17**(3); Marco Polo, pages **46** *above right* (M. Blanchard), **91** *below left*; Marco Polo/F Bouillot, pages **81** *above left*, *below left* and *below right*, **111**, **113** *left* and *right*, **115** *above left*, **115** *above centre left*, **146**, **149**; Puma UK, page **55** *below left*; Renn Productions, page **108**(C); Rex Features, page **110** *centre* (Globe Photos); Royal Geographical Society, page **9**(h); Science et vie Junior Issue 28, Excelsior Publications SA, pages **102/103**; Scope Features, page **109**(L); John Scott, page **108**(A); Sea and See, pages **123** *below* and **124** *below* (C. Fevrier); Sea Containers Services Ltd, page **46** *above left*; Spectrum Colour Library, pages **9**(i), **45** *right*, **46** *below centre right*; Stills Press Agency, pages **108**(E), **109**(I) (F. Garcia); Stills Press Agency/Mega Productions Inc, page **106** *above right*, **109**(F); Tony Stone Worldwide, pages **3** (Ary Diesendruck), **9**(a), **9**(g) (Terence Harding), **13**(2) (Tom Ulrich), **13**(3) (Ian Beams), **13**(7) (Geoff Johnson), **14** *left*, **24**, **43**, (Oli Tennent), **44** *above left*, **45** *left* (Oli Tennent), **46** *below centre left* (Andrew Morland), **46** *below right* (Ken Fisher), **75** *centre* (Fotogram/Edouard Berne); Syndicat National des Parcs de Loisirs et d'Attractions, Ermonville, pages **86/87** (Illustrator: Patrice Moronvalle); Gillian Taylor, pages **63** *below*, **74** *centre left*, *below centre right*, and *below right*, **75** *centre left*, **75** *centre right*, **77** *below*, **83** *below right*, **92**, **93**, **94** *above*, **94** *above centre right*, **94** *centre left*, **94** *below left*, **105**; Temp Sport, pages **114** *above* (Marc Francotte), **120** *below* (Dimitri Iundt), **121** *below* and **124** *centre right* (Iundt-Ruszniewski), **122** *above* and **124** *centre left* (Tennis Magazine), **123** *above* (Marc Francotte); Bob Thomas Sports Photography, pages **54** *above*, **55** *below right*; Topham Picture Source, pages **17**(2), **17**(4), **17**(5), **17**(8), **22** *left*, **74** *above*, **80** *below*; Vandystadt/Allsport, page **120** *above* and **124** *above left* (Yann Guichaoua), **121** *above*, **122** *below*, **124** *above right*, **124** *below centre left*; WWF Photolibrary, pages **13**(6) (Rick Weyerhaeuser), **13**(8) (Fredy Mercay); Yamaha-Kemble Music (UK) Ltd page **114**.

Cartoons:
Okapi 330, Bayard Presse, 1991, page **84**; *Okapi 465*, Bayard Presse 1991, page **68** (cartoon: Frank Margerin) *Okapi 287*, Bayard Presse 1991, page **140/141** (cartoon: Blachon); Pierre Cochet/Harrap, page **92**; André Harvec/Harrap, page **77**;

We are grateful to the following for permission to reproduce copyright material:

Editions Fleurus for the song 'Le Concert' from 100 Comptines pour un jour d'école by Anne Rocard. © Editions Fleurus, Paris, 1985-1991; Editions Gallimard for 'Page d'écriture' by Jacques Prévert from Paroles. © Editions Gallimard.

We have unfortunately been unable to trace the copyright holder of the song 'Mon ane' from 60 Chansons, 60 Musiques and would appreciate any information which would enable us to do so.